Reclam
LESEBUCH

Das Hunde-Buch

Geschichten und Gedichte

Herausgegeben von
Andrea Hahn

Philipp Reclam jun. Stuttgart

Mit 30 Abbildungen

Inhalt

Bestie Mensch

Berganza und Konsorten

Grenzüberschreitung

Der Hund als Fabelwesen

In Memoriam

Das Hunde-Buch

Christus wurde geboren, ehe es einen Wolf oder einen Dieb gab. / Damals war der heilige Martin Christi Hirte. / Der heilige Christus und der heilige Martin, / der ehrwürdige, wachen heute über die Hunde [und] die Hündinnen, / damit ihnen weder Wolf noch Wölfin zum Schaden werden können, / wohin immer sie in Wald, Weg oder Heide zu laufen pflegen. / Der heilige Christus und der heilige Martin, / die mögen mir heute sofort alle gesund hierher nach Hause bringen.

Wiener Hundesegen

Vorbemerkung

Die einen – schön, geheimnisvoll, unabhängig – gelten als Lieblinge der Dichter und Intellektuellen, die anderen – treu, unterwürfig, nützlich – werden eher unausgefüllten Gesellschaftsdamen und kraftstrotzenden Herrenmenschen zugeordnet. Fanden erstere in unzähligen Werken der Weltliteratur Eingang, scheinen letztere als Musen und andichtungswürdige Wesen ungeeignet. So zumindest suggeriert es das Klischee über Katzen und Hunde, die ewigen Feinde. Wer kennt sie nicht: Spiegel, das Kätzchen, die Kater Murr oder Mikesch. Fragt man dagegen in einschlägiger Runde nach literarischen Hundegrößen, werden meist nur vage Erinnerungen wach. Berichtet man schließlich vom Plan einer Hunde-Anthologie, erntet man mitleidige Blicke ob des wohl beschwerlichen Grabens nach spärlichem Material.

In der Tat ist die Umsetzung des Vorhabens ein mühsames Unterfangen, doch aus einem anderen, ja konträren Grund. Von der Antike über das Mittelalter bis in die Gegenwart ist es dem Hund gelungen, sich in die verschiedenen literarischen Gattungen einzuschleichen. Gedichte, Epen, Fabeln, Erzählungen, Romane, Comics und Nekrologe tragen seine Spuren. In einer mehrere hundert Titel umfassenden Liste steht Äsop am Anfang, die beiden Zweigs markieren keineswegs das Ende, dazwischen tummeln sich durchaus honorable Größen der Weltliteratur mit Hunden herum. Die facettenreiche Ausgestaltung des Themas über Gattungs-, Zeit- und Ländergrenzen hinweg darzustellen ist ein Ziel dieser Anthologie. Eine Beschränkung auf den westlichen Kulturkreis schien der Herausgeberin allerdings geboten, unterscheidet sich das Verhältnis zwischen Mensch und Tier in östlicher und westlicher Hemisphäre doch wesentlich voneinander. Beides aufzuzeigen, reichen 270 Seiten nicht aus, sind sie schon kaum genug, um der Komplexität des Stoffes im Abendland gerecht zu werden.

Dank seines Charakters hat sich der wohl älteste Hausgenosse des Menschen eine Stellung errungen, die ihn über das Dasein des reinen Nutztieres hinaushebt. Schon früh spielt sich Martials Hündchen Issa in das Herz von Herrchen Publius; in Petitcrü und Flush findet es über die Jahrhunderte hinweg würdige Nachfolger. Gelehrigkeit, Anpassungs- und Hingabefähigkeit prädestinieren den Vierbeiner zum verläßlichen Freund des Menschen; so ist Argos das einzige Lebewesen, das den nach zwanzig Jahren heimkehrenden Odysseus wiedererkennt, die herrenlos gewordenen Lieblinge jüdischer Gefangener stören bei Tišma mit ihrer Anhänglichkeit sogar den ansonsten reibungslosen Ablauf der SS-Vernichtungsmaschinerie. Die Treue des Tieres über den Tod des Besitzers hinaus ist eines der häufigsten Sujets in der Literatur, Chamissos Bettlerhund steht stellvertretend dafür. Umgekehrt trifft auch das Ableben des Tieres den Menschen sehr tief, der Schmerz findet in zahlreichen Nekrologen Ausdruck.

Der Hund scheint dem Menschen charakterlich so nahe, daß er oft in Fabeln zu Ehren kommt; in einer anderen Erzähltradition wird er des geordneten Denkens und Sprechens für fähig erachtet, wie etwa Berganza und seine Gefährten. Bulgakow und Malerba gar demonstrieren physische Grenzüberschreitungen von Mensch zu Hund und von Hund zu Mensch. Eine Metamorphose besonderer Art schildert Szczypiorski: bei ihm tritt das

Tier als solches nicht mehr in Erscheinung, der Mensch selbst wird statt dessen zum unterwürfigen Hund degradiert.

In Szczypiorskis Text wird ein Herrschaftsverhältnis pervertiert, das nicht mehr von liebender Zuwendung

Thomas Theodor Heine:
Zur Bekämpfung des Anarchismus

und selbstloser Hingabe, sondern von tiefer Ambivalenz geprägt ist. Die Anpassung hat auch ein Ende, zuzeiten bricht sich die Wolfsnatur des Hausgenossen Bahn und dringt wie bei Dürrenmatt und Fritsch ein in das zivilisierte menschliche Leben. Oder ist der Herr und Meister dafür selbst verantwortlich? Sicher ist, daß die Bestie Hund genauso in eine Anthologie gehört wie die Bestie Mensch, die im Freund Hund das willfährige Opfer sieht. Selten nur gesteht der Zweibeiner dem vierbeinigen Gefährten eigene Rechte zu; vielmehr wird er in ein überaus breitgefächertes Rollenschema gepreßt. Dieses reicht vom reinrassigen Statussymbol (den Straßenköter darf man als unwertes Leben ins Jenseits befördern, was Joseph Roth kritisiert) bis zum Objekt für naturfremde Liebkosungen und grausame Mißhandlungen (*Tobias Mindernickel* vereint beides in sich). Es schließt selbst den Hund als Gegenstand tödlicher Experimente zu Gunsten der Menschheit wie in Mark Twains *Geschichte eines Hundes* oder als nutzloses Wesen, dessen qualvollem Verenden man gleichgültig gegenübersteht, wie Ramuz in *Mousse* demonstriert, keineswegs aus. Geprägt von einem Materialismus, der den vernunftbegabten Menschen über die vernunftlose Kreatur setzt und diese ohne Rücksicht seinem Nutzen unterwirft, wird auch dem Hund jeglicher Subjektstatus abgesprochen. Nicht nur nette, das Herz anrührende Geschichten von liebenden Hunden und liebenden Hundebesitzern, auch die negativen Aspekte dürfen deshalb in einer Anthologie nicht fehlen, die über das reine Lesevergnügen hinaus einer tiefen und zwiespältigen Beziehung gerecht werden will.

Um dies zu realisieren, erhielt die Herausgeberin von vielen Seiten – auch erklärte Katzenfreunde und -freundinnen waren darunter – nützliche Hinweise, für die sie sich hiermit herzlich bedankt. Besondere Erwähnung verdienen die so aufschluß- wie materialreiche Kulturgeschichte von Helmut Brackert und Cora van Kleffens: *Von Hunden und Menschen. Geschichte einer Lebensgemeinschaft* (München 1989), sowie Robert Rosenblums reich bebilderte Untersuchung *Der Hund in der Kunst. Vom Rokoko zur Postmoderne* (Wien 1989).

Wer anders als ein Hund, das heißt in diesem Fall eine Hündin, kann zu einem Hundebuch inspirieren? Selbstverständlich sei ihr, Happy, dies gewidmet (obwohl sie das ihr zustehende Belegexemplar in wenig bibliophiler Manier zerfetzen wird).

Postscriptum: Natürlich wollte die Herausgeberin mit dieser Anthologie auch den Beweis liefern, daß sich wenigstens in der Literatur die Hunde nicht länger vor den Katzen verstecken müssen.

George Grosz: Gefühlvoller Spaziergang

Allerlei über den Hund

BERTOLT BRECHT

Der Hund

Mein Gärtner sagt mir: Der Hund
Ist kräftig und klug und gekauft
Die Gärten zu bewachen. Sie aber
Haben ihn erzogen zum Menschenfreund. Wofür
Bekommt er sein Fressen?

KURT TUCHOLSKY

Traktat über den Hund

a) Das Tier

> Wie dem Hund, dem auf dem Wege
> vom Herzen zum Maule alles zum
> Gebell wird.   ALFRED POLGAR

Der Hund ist ein von Flöhen bewohnter Organismus,
der bellt (Leibniz). Dieser Definition wäre einiges hinzu-
zufügen.

Im Hund hat sich der bäuerische Eigentumstrieb des Menschen selbständig gemacht; der Hund ist ein monomaner Kapitalist. Er bewacht das Eigentum, das er nicht verwerten kann, um des Eigentums willen und behandelt das seines Herrn, als gebe es daneben nichts auf der Welt. Er ist auch treu um der Treue willen, ohne viel zu fragen, wem er eigentlich die Treue hält: eine Eigenschaft, die in manchen Ländern hoch geschätzt wird. Sie ist für den Betreuten recht bequem.

Einem Hund, der etwas bewacht, zuzusehen, kommt dem Erlebnis gleich, einen Urmenschen zu beobachten. Er ist stets unsicher, unruhig und macht sich mit Lärm Mut – er greift an, weil ihn seine Angst nach vorn treibt.

Der Hund ist ein anachronistisches Wesen.

Der Hund lebt ständig im Dreißigjährigen Krieg. In jedem Briefträger wittert er den fahrenden Landsknecht, im Milchmann die schwedische Vorhut, im Freund, der uns besucht, den Gottseibeiuns. Er bewacht nicht nur den Hof seines Herrn, sondern auch den Weg, der daran vorbeiführt, und versteht niemals, daß die Leute, die dort gehen, neutral sind – diesen Begriff kennt er nicht. Seine Welt zerfällt in Freunde (seines Futternapfes) und in gefährliche Feinde. Undressierte Hunde leben noch im Urzustand der Erde.

Der Hund bellt immer.

Er bellt, wenn jemand kommt, sowie auch, wenn jemand geht – er bellt zwischendurch, und wenn er keinen Anlaß hat, erbellt er sich einen. Er hört auch so bald nicht wieder auf, ja, es scheint, als besäßen die Hunde eine Bellblase, die man nur anzustechen braucht, damit sie sich entleere. Ein besserer Hund bellt seine vier, fünf Stunden täglich. (Weltrekord: Hund Peschke aus Königswusterhausen; bellte am 4. Oktober 1927 zweiundfünfzigtausendvierhundertachtundsiebzigmal in sechzehn Stunden. Als das vorbei war, sprach sein Herr: »Ich weiß gar nicht, was der Hund hat – er ist so still?«)

Wenn ein Hund sehr lange bellt, hört es sich an, als übergebe sich einer.

Ein Hund bellt, wenn er mit den Sinnen etwas wahrgenommen hat; daraufhin, weil ihn sein Bellen erschreckt und aufregt und des weiteren, weil sich das wahrgenommene Objekt um ihn kümmert, nicht um ihn kümmert oder davonläuft. Dieses Geschrei wird von vielen Leuten als Wachsamkeit ausgelegt; schon der französische Kynologe Hispa sagt: »Der Hund ist ein wachsames Tier, das mit seinem Gebell den Herrn nachts aufweckt, damit der aufsteht und ruft: ›Halt die Schnauze!‹« Da Hunde immer bellen, so dient ihr Gebrüll lediglich dazu, daß sich die Einbrecher vor ihrem Geschäft Gift besorgen und es dem Hundchen streuen.

Niemanden haßt der Hund so wie den Wolf; er erinnert ihn an seinen Verrat, sich dem Menschen verkauft zu haben – daher er dem Wolf seine Freiheit neidet, ihn hassend fürchtet und sich durch doppelten Verrat beim Menschen lieb Hund zu machen sucht.

Hunde blaffen mit Vorliebe schlecht gekleidete Menschen an, wie sie überhaupt die mindern Eigenschaften des Besitzers personifizieren. Nachts, wenn kein Fremder da ist, machen sie eine alte Familienfehde mit dem Mond aus. Der Mond, den das nächtliche Gebell auf der Erde stört, kehrt ihr darum seit Jahr und Tag sein blankes Hinterteil zu. Wir kommen nunmehr zu dem Tierhalter.

Volker Kriegel:

Hunde sind laut

Hundebesitzer sind die rücksichtslosesten Menschen auf der Welt.

Hier soll nicht einmal von jenen gesprochen werden, die ihrem Mistbatzen das Fressen aus Restaurationsschüsseln reichen; der Hund, frisch aus dem Popo einer Hundedame entronnen, steckt seine feuchte Nase in deinen Teller... Aber auch sonst können Hundebesitzer zum Beispiel nicht begreifen, daß der Lärm, den ihr Liebling macht, andern Leuten nicht angenehm ist. Kein grünes Rasenstück, das er nicht verbellt.

Die Ausdehnung einer Lärmglocke, die ein bellender Hund seinen Nachbarn über den Kopf stülpt, beträgt etwa achtzehnhundert Kubikfuß; auf diese Entfernung hin hat alles an den Entzückungen, Anfällen und Aufregungen eines mittleren Hundes teilzunehmen. Es ist also unsre Pflicht, uns mit ihm zu erheben, sein Vormittagsgeschrei sowie sein Nachmittagsgebell mit ihm zu teilen, und nachts zu lauschen, wie er, wenn Nachtigallen fehlen, das Mondgesäß beschimpft.

Auf diese Weise sind Villen-Vororte großer Städte fast unbewohnbar geworden, weil sich jeder gegen jeden mit einer Bellmaschine gesichert hat, die angeblich gegen Einbrecher gut ist. Es muß danach angenommen werden, daß in Vororten niemals mehr eingebrochen werden kann. Wird aber.

Ich habe mich schon so an das Gebell gewöhnt, daß ich es hier, am Kap der Roten Grütze, sehr entbehre. Kunstschriftsteller Hasenclever hat sich jedoch erboten, jeden Morgen zum Frühstück zu kommen und ein Stündchen zu bellen.

Es ist nunmehr die Stelle des Aufsatzes gekommen,

wo der Hundebesitzer seinem Flohtier über die Nase streicht, mit der jener die kleinen Hundewürstchen und den Urin der Verwandten aufriecht, und spricht: »Was schreiben sie denn da alles von dir! Jaa! Nicht wahr, du bellst nicht? – nein!« Und zu mir, fortfahrend: »Sie sind aber nerfeehs!«

Hätte einer im Zeitalter Ludwigs des Quecksilbernen bemerkt: »Nun wollen wir uns einmal alle jeden Morgen die Füße waschen!« – so hätte er sich mit einem hohen katholischen Heiligen entschuldigen müssen, sonst hätten sie ihn verbrannt. Hätte er für frische Luft plädiert, für Hygiene der Säuglinge – er wäre genau so ausgelacht worden wie einer, der heute für Stille plädiert. Was Stille bedeutet, wissen sie noch nicht.

»Ich höre das gar nicht!« sagen sie. Es ist nicht wahr; sie hören es doch. Davon wissen ihre Untergebenen zu sagen, die Lärm, Geratter, Wagenstöße, Klavierspiel und Hundegebell ausbaden müssen. »Was der Alte nur hat?« sagen sie dann. Es ist der Lärm. Seine schlechte Laune ist der Lärm, der aus ihm herausbrodelt und der wieder ans Licht will; er hat ihn von den Ohren her nach innen gesogen; es hilft ihm aber nichts, er kommt wieder hochgegurgelt. Um es ›nicht zu hören‹, verbrauchen sie so viel unnötig vertane Kraft, die man besser anwenden könnte. Der Beweis dafür ist die Steigerung aller Lebenskräfte, wenn es einem gelingt, in das Reich der ungebrochenen Stille einzudringen; in den Bergen, im Luftballon über dem Meer, auf dem Segelboot, am windstillen Tag im Wald. Da lassen die Nervenstränge nach, da entspannt sich der Wille, da ruht der Mensch. In der vollkommenen Stille hört man die ganze Welt. Nur so ist wahre Erholung möglich; sie ist aber fast unerreichbar. Gegen diese wohltuende Wirkung der Stille auf den Intellekt gibt es nur ein einziges Gegenargument: das sind die Regierungsgebäude, die gewöhnlich in stillen Parks liegen.

Menschen, die sich lebende Hunde in Mietwohnungen halten, sollten mitsamt ihrem Köter aus der Wohnung gejagt werden.

Menschen, die einen Hund anbinden oder einsperren, verdienen, ihrerseits angebunden zu werden. Es ist das äußerste an Quälerei, ein jagendes, laufendes und unruhiges Tier zu fesseln und in seiner Freiheit zu beschränken. Diese Leute haben gar keinen Hund – sie haben nur ein Stückchen Hund; der Rest ist unterdrückt und rächt sich mit flammendem Gebell.

Ich habe noch nie gesehen, daß Hundebesitzer mit Erfolg ihren Hunden, wenn sie unnütz kläffen, zu schweigen befehlen. Weil jene stumpfohrig sind, hören sie das Gebelfer nicht und bürden nun andern die Plage auf.

Dafür haben Hundebesitzer den Tick, als ›bessere Menschen‹ durchs Leben zu gehen. Sie haben erfunden, daß es ein Zeichen von Seele sei, Hunde zu lieben, ihren schmutzigen Geruch zu ertragen, ihr lästiges Geschrei mitanzuhören. Ihre Persönlichkeit kriecht in den Hund, wo sie den Kampf ums Dasein noch einmal mitkämpft: »Mein Hund läuft aber schneller als Ihrer!« Das ist ein großer Sieg.

Etwas gegen den Hund zu sagen, heißt für viele, am Heiligsten rühren, wo der Mensch hat. Die Hundenarren sind häufig ganz erbarmungslose Menschen; Leute, die einen Kommunisten vor ihrer Tür verbluten ließen, nicht eine Mark für entlassene Gefangene geben, überhaupt nichts Gutes tun – ihren Hund lieben sie mit jener stummen Aggressivität, die das beste Zeichen eines hohlen Affekts ist. Der Hund ist ihnen nicht nur Schutz, sondern auch Selbstbetätigung.

Nie legt ein Hundebesitzer in das Tun der Menschen a priori so viel Gutes wie in den Blick seines Hundes. Wenn ihn der ansieht, zerschmilzt er vor Lyrik. Ein Bettler wird ihn vergebens so ansehen. Der sentimentalitätstriefende Blick jenes aber heischt mit Erfolg verschmiertes Mitleid.

So ist der treue Hund so recht ein Ausdruck für die menschliche Seele. Allerseits geschätzt; nur selten in der Jugend ersäuft; gehalten, weil sich der Nachbar einen hält, von feineren Herrschaften auch als Schimpfwort benutzt – so bellt er sich durchs Leben. Und ich will nicht länger murren, wenn es kaum noch einen Fleck gibt, den er nicht verunreinigt: mit Unrat, nassem Geruch und mit nimmer endendem Lärm. Seiner Gnade ist unsre Ruhe ausgeliefert.

Eine fortgeschrittene Zivilisation wird ihn als barbarisch abschaffen.

Hundedarstellung auf einem pompejanischen Mosaik

Hunde auf dem Bauernhof

Über dem allen vergesse mir nicht die Pflege der Rüden.
Beide, die spartische Brut und die flüchtigen, scharfen
     Molosser
Füttre mit Molken und Brot. – Wenn die deine Ställe
     bewachen,
Fürchtest du weder den Wolf noch nächtlich schweifende
     Diebe,
Noch den verwegenen Überfall iberischer Räuber.
Oft auch hetzest du dann im Lauf die flinke Gazelle,
Jagst mit Hunden das Reh, mit Hunden das springende
     Häslein;
Oder dir stöbert den Keiler im Busch der spürenden
     Meute
Lautes Gebell aus den Suhlen hervor. Mit Lärmen und
     Zuruf
Treibst du den riesigen Hirsch ins Netz, das herrliche
     Wildpret.

KONRAD VON MEGENBERG

Von dem Hund

Jacobus sagt, daß die Hunde gelehrige Tiere in allen Spielen sind und, obwohl sie gerne schlafen, doch die Häuser ihrer Herren mit Wachen beschützen. Sie haben ihre

Herren so lieb, daß sie oft ihretwegen sterben. Von allen vernunftlosen Tieren kann allein der Hund seinen Namen wiedererkennen, wie Solinus sagt. Jacobus berichtet auch, daß einige Hunde die Eigenschaft haben, daß sie die Diebe riechen und daß sie diese mit übergroßem Haß unter anderen Leuten herausfinden. Wenn auch einige Hunde am Tisch ihres Herrn liegen, wie Jacobus sagt, so verhalten sie sich doch so, daß sie ein Auge auf die mildtätige Hand ihres Herrn und das andere auf die Haustür ihres Herrn richten. Wenn die Hunde jemand wütend anfallen und stürzt der zu Boden, so wird ihre Wut besänftigt. Die Hunde gebären blinde Junge und die bleiben zwölf Tage blind, etliche auch drei Wochen. Ihre Tragzeit dauert 40 Tage. Die Hunde bleiben inmitten ihres Begattungsaktes auf Grund der großen Gier, die sie dabei haben, aneinander hängen. Der beste Welpe ist der, der zuletzt gesehen wird oder den die Mutter zuerst wegträgt.

Die Tobsüchtigkeit der Hunde vertreibt man damit, daß man ihnen einen mit Honig vermengten Kapaun zu fressen gibt. Die Bisse der tollwütigen Hunde sind tödlich, aber man heilt sie mit der Wurzel des Feldrosenstrauchs. Hundemilch ist dicker als irgendeine andere Milch, außer Schweine- und Hasenmilch. Die Hunde haben sieben Tage bevor sie gebären Milch in ihrer Brust. Wenn ein Hund, der geschlagen wird, jault, so werden die anderen zornig und fallen über ihn her und beißen ihn. Wisse, daß unter allen Tieren das Männchen von Natur aus länger lebt als das Weibchen, außer bei den Hunden; das liegt an der schweren Arbeit oder anderen Dingen. Wenn die Hunde krank sind, fressen sie ein Kraut, das schrecklich auf der Zunge beißt und daraufhin fließen die schlechten Flüssigkeiten durch Auswurf aus

dem Magen und die Hunde werden auf diese Weise gesund. Aristoteles sagt, daß man das Alter der Hunde nur an den Zähnen erkennt, denn die Zähne der jungen Hunde sind scharf und weiß, die der alten aber sind stumpf und schwarz. Einige sagen, daß die Hunde nicht ohne den Menschen sein können und daß sie tollwütig werden, wenn sie aus der Wohnstätte des Menschen getrieben werden. Die Zunge des Hundes heilt die eigenen Wunden des Hundes wie auch andere Wunden mit Lekken, deshalb ist sie eine Ärztin.

Die Hunde kränken die Hundemutter nicht gerne; das ist auch die Eigenschaft vieler anderer Tiere. Das hat Gott in seiner Weisheit bei den vernunftlosen Tieren so eingerichtet, um zu zeigen, daß die Menschen genauso handeln sollen, denn wenn Mann und Frau in Unfrieden miteinander leben, haben sie manche schwere Zeit. Der Stärkere soll dem Schwächeren gegenüber nachsichtig sein und ebenso soll der Schwächere dem Stärkeren gegenüber nachgeben. Die Hunde haben eine schlechte Angewohnheit, daß sie nämlich die allerschönsten Plätze verunreinigen und schöne Gewänder benetzen. Schuhe aus Hundefell an den Füßen sind gut gegen die Gicht; riechen die aber die Hunde an den Füßen, so benetzen sie die. Gibt man Hundeblut einem anderen Tier, das krank ist, wird es gesund. Ob der Biß eines Hundes von einem tollwütigen Hund stammt oder nicht, erkennt man auf folgende Weise: Man legt ein aus einer gut gebackenen Nuß gemachtes Pflaster einen Tag und eine Nacht auf die Wunde und gibt es danach einem hungrigen Hahn oder einer Henne; trinkt er oder sie danach, so ist es kein Biß eines tollwütigen Hundes; trinkt er oder sie aber nicht, so ist es der Biß eines tollwütigen Hundes und stirbt der Hahn oder die Henne; jedoch können sie auch noch einen Tag und eine Nacht danach leben. Weiter: Ist es der Biß eines tollwütigen Hundes, drückt man dann ein Stück Brot in das Blut der Wunde, das frißt kein gesunder Hund. Es ist auch ein sehr merkwürdiges Ding und geschieht oft, daß ein Mann, der von einem tollwütigen Hund gebissen wird, dann die jungen Hunde wie ein Hund leckt und wie ein Hund bellt. Alexander lehrt, wie man die [von einem tollwütigen Hund gebissenen] Menschen heilen soll und sagt, er rate, daß man die Wunde ein ganzes Jahr offen halte und daß man sie nicht vernarben noch ein Häutchen darüber wachsen lasse.

GEORG PHILIPP HARSDÖRFFER

Hund

Der Haus-Hund ist getreu / gewär / wachet wann die Leute schlaffen / warnet für den stillen Dieben / lässt keinen Rauber zu / schweiget nicht in der Gefahr / meldet den verborgnen an / hält den Hof in guter Hute / murzt und billet unverzagt / verfolget die erspührte Spur / mit embsig schnellem Fuß / sind Hirsch gerecht / beharren wol und lang. Die Hetzhunde sind *gäng* und freudig / die Schlieferlein sind anharrig / legen sich hart an / die Wachtelhunde *stehen wol vor* / suchen fleissig.

Der *Hunde* sind unterschiedliche Arten und haben auch unterschiedliche Deutungen. Der Haus- und Ketten-Hund bildet die Treue / der Spurhund den Fleiß /

das Windspiel die Geschwindigkeit / das Jungfrouhünd-
lein die Begünstigung unwürdiger Personen. Ein magerer
Hund bedeutet den Neid / und Geitz. Es wird auch der
Hund dem Geruch beygemahlet / mit welchem er andre
Thiere übertrifft.

Der Wurstdieb

Hier hängt die Wurst – dort an der Mauer
Steht Louis heimlich auf der Lauer.

Und schon bemerkt man sein Bestreben,
Sich eine Wurst herauszuheben.

Jetzt hat er sie und schleicht davon;
Doch Graps, der Hund, erblickt ihn schon.

Eh' Louis denkt, daß er ihn packe,
Hat Graps ihn hinten bei der Jacke.

Die zwei, die schaun sich ins Gesicht,
Der eine froh, der andre nicht.

Graps aber trägt mit sanftem Schritte
Die Wurst zu seiner stillen Hütte.

37

Indessen Graps sich so ergötzt,
Hat Louis aufrecht sich gesetzt

Und will ganz heimlich sich soeben
Aus dieser Gegend fortbegeben;

Doch Graps, der wachsam, zieht ihn wieder
Mit kühnem Griff nach hinten nieder.

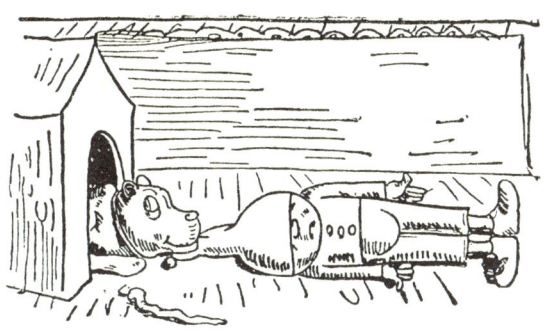

Er legt sich klüglich auf die Spitze
Von Louis seiner Zipfelmütze.

Der treue Graps, der denkt sich: Nun
Kann ich getrost ein wenig ruhn!

Doch Louis zog ganz in der Stille
Den Kopf aus seiner spitzen Hülle

Und wäre glücklich fast entkommen,
Hätt' ihn der Graps nicht festgenommen.

Er steht und darf sich nicht bewegen;
Von oben strömt ein kühler Regen.

Der Regen wird zu kaltem Reif;
Der Louis friert ganz starr und steif.

Der gute Nachbar sah ihn stehn
Und will mit ihm zum Ofen gehn.

Bauz! Klirr! Er stolpert an der Schwelle;
Der Louis ist ein Eisgerölle.

Da nimmt der gute Nachbar schnell den Besen
Und fegt hinaus, was Louis einst gewesen.

CHARLES BAUDELAIRE

Die guten Hunde

Für Monsieur Joseph Stevens

Niemals, nicht einmal vor den jungen Schriftstellern meines Jahrhunderts, habe ich mich meiner Bewunderung für Buffon geschämt; heute aber will ich nicht die Seele dieses Schilderers der prächtigen Natur um ihren Beistand bitten. Nein.

Sehr viel lieber möchte ich Sterne anrufen und zu ihm sagen: »Steige vom Himmel hernieder, oder hebe dich herauf aus den Gefilden Elysiums, um mir zum Lobe der guten, der armen Hunde einen Gesang einzugeben, der deiner würdig wäre, empfindsamer Schöpfer unvergleichlicher Späße! Kehre wieder, rittlings auf dem berühmten Esel, der dich immer im Gedächtnis der Nachwelt begleitet; der Esel aber vergesse ja nicht, seine unsterbliche Makrone behutsam zwischen den Lefzen zu halten!«

Fort mit der akademischen Muse! Ich habe nichts zu schaffen mit dieser alten Zimperliese! Ich rufe die Muse des Alltags, die Muse der Stadt, des lebendigen Lebens an; sie helfe mir die guten, die armen Hunde zu besingen, die schmutzigen Hunde, die für verpestet und verlaust gelten, und die jeder fortscheucht, außer dem Armen, dessen Gefährten sie sind, und dem Dichter, der sie mit brüderlichem Blick betrachtet.

Pfui über den geschleckten Hund, diesen vierfüßigen Gecken – Däne, King Charles, Mops oder Spaniel –, der derart in sich selbst verliebt ist, daß er sich dem Besucher zudringlich zwischen die Beine wirft und ihm auf den

Schoß springt, als müsse er jedem gefallen, unruhig wie ein Kind, dumm wie eine Kokotte, manchmal mürrisch und frech wie ein Domestike! Pfui vor allem über die vierpfotigen Schlangen, jene fröstelnden Nichtstuer, die man Windspiele nennt, und die in ihrer spitzen Schnauze nicht einmal Witterung genug haben, um der Fährte eines Freundes zu folgen, noch in ihrem flachen Schädel soviel Verstand, um Domino zu spielen!

In die Ecke mit all diesen lästigen Schmarotzern!

Zurück mit ihnen auf das Seidenpolster ihres Körbchens! Ich besinge den schmutzigen Hund, den armen Hund, den Hund ohne Heim, den Herumtreiber, den Jahrmarktshund. Wie dem Armen, dem Zigeuner und dem Gaukler hat ihm die Notdurft seinen wunderbar geschärften Instinkt verliehen, diese gute Mutter, diese wahre Schutzhelferin der Verständigen!

Ich besinge die geplagten Hunde, die einsam in den gewundenen Schluchten der riesigen Städte irren, oder jene, die dem verlassenen Menschen aus klugen Augen zugezwinkert haben: »Nimm mich zu dir; vielleicht gelingt es uns, aus unser beider Elend so was wie ein Glück zu machen!«

»*Wohin gehen die Hunde?*« fragte einst Nestor Roqueplan in einem unsterblichen Feuilleton, das er selbst wohl längst vergessen hat, und dessen nur ich und vielleicht Sainte-Beuve sich noch erinnern.

Wohin gehen die Hunde, fragt ihr unachtsamen Menschen? Sie gehen ihren Geschäften nach.

Eine geschäftliche Verabredung, ein Rendezvous. Durch Nebel, Schnee und Straßenschmutz, unter dem glühenden Hundsstern, im strömenden Regen, von Flöhen gepeinigt, von Leidenschaft, Not und Pflicht getrieben, gehen und kommen sie, trotten sie ihres Weges, schlüpfen sie unter den Wagen durch. Wie wir sind sie frühmorgens aufgestanden und suchen nun ihren Lebensunterhalt oder jagen ihren Vergnügungen nach.

Manche von ihnen hausen draußen am Rand der Stadt in einem alten Gemäuer, und Tag für Tag zur gleichen Stunde stellen sie sich im Palais Royal ein, um an einer Küchentür ihre Sporteln zu fordern. Andere kommen scharenweise über fünf Meilen gelaufen, um eine Mahlzeit zu teilen, die ihnen die Mildtätigkeit gewisser sechzigjähriger Jungfern zubereitet hat, welche ihr unbeschäftigtes Herz den Tieren zugewandt haben, weil die törichten Menschen nicht mehr danach fragen.

Andere wieder verlassen wie entlaufene Neger, die die Liebe plagt, an gewissen Tagen ihren ländlichen Bereich und kommen in die Stadt, um dort eine Stunde lang eine schöne Hündin zu umtanzen, deren Toilette nicht gerade die sorgfältigste ist, die sich aber geschmeichelt fühlt und sich erkenntlich zeigt.

Alle sind sehr pünktlich, ohne Kalender, ohne Notizbuch und ohne Brieftasche.

Kennt ihr das träge Belgien, und habt ihr wie ich alle jene kräftigen Hunde bewundert, die, vor den Karren des Metzgers, der Milchfrau oder des Bäckers gespannt, durch ihr freudiges Bellen bekunden, wie stolz sie sind, es den Pferden gleichtun zu dürfen?

Und hier nun zwei andere Hunde, die schon einem gehobeneren Stande angehören. Laßt euch in das Zimmer des Gauklers führen, das er soeben verlassen hat. Ein Bett aus gestrichenem Holz, ohne Vorhänge, die verwanzten, schmutzstarrenden Decken schleifen am Boden, zwei Stühle mit Strohsitzen, ein gußeiserner Ofen, ein oder zwei ramponierte Musikinstrumente – ein klägliches Mobiliar! Aber seht doch die beiden klugen Geschöpfe in der zerschlissenen Pracht ihrer Kleidung, mit bunten Mützen auf dem Ohr, wie sie die Troubadoure oder Kriegsleute schmücken. Mit der Aufmerksamkeit eines Hexenmeisters überwachen sie *das namenlose Werk*, das da auf dem angezündeten Ofen brodelt, und aus dem ein langer Löffel heraussteht, dem luftigen Mast gleich, der anzeigt, daß die Maurer ihr Werk vollendet haben.

Ist es nicht ganz in der Ordnung, daß so anstellige Komödianten, ehe sie sich auf den Weg machen, ihren Magen mit einer kräftigen und nahrhaften Suppe füllen? Und wollen wir den armen Teufeln ihre Gier nicht ein wenig nachsehen, die den ganzen Tag der Gleichgültigkeit der Menge und den Ungerechtigkeiten eines Direktors ausgesetzt sind, der sich den Hauptanteil zuschanzt, und der allein mehr Suppe ißt als vier seiner Akteure?

Wie oft habe ich nicht mit gerührtem Lächeln diese vierbeinigen Philosophen betrachtet, diese gefälligen, unterwürfigen oder ergebenen Sklaven, denen es wohl zustünde, im Wörterbuch der Republik unter die *officieux* eingereiht zu werden, wenn die Republik, die sich das *Glück* der Menschen so sehr angelegen sein läßt, noch Zeit fände, die *Ehre* der Hunde zu schonen!

Und wie oft ist es mir durch den Sinn gegangen, ob es nicht doch vielleicht irgendwo (wer weiß da so genau Bescheid?), zum Lohn für soviel Mut, soviel Geduld und Mühsal, ein eigenes Paradies für die Hunde gibt, die guten Hunde, die armen Hunde in ihrem Schmutz und ihrer Trostlosigkeit. Swedenborg versichert uns doch, daß es ein Sonderparadies für die Türken und eines für die Holländer gibt!

Der Preis, den die Hirten Vergils oder Theokrits für ihre Wechselgesänge erwarteten, war ein guter Käse, eine

Flöte von Meisterhand oder eine Ziege mit strotzendem Euter. Der Dichter, der die armen Hunde besungen hat, empfing als Lohn eine schöne Weste von prächtiger Farbe und doch schon ein wenig verblichen, die einen an herbstliche Sonnen, an die Schönheit reifer Frauen und an Altweibersommer denken läßt.

Keiner von denen, die dabei waren in der Taverne der Rue Villa-Hermosa, wird je vergessen, wie der Maler aufsprang und sich seiner Weste entledigte, um sie dem Dichter zu schenken, weil er begriffen hatte, wie angemessen und ehrenvoll es ist, die armen Hunde zu besingen.

So beschenkte ein prachtliebender Tyrann in Italiens großer Zeit den göttlichen Aretino mit einem edelsteinbesetzten Dolch oder einem Mantel, wie man ihn bei Hofe trägt, als Gegengabe für ein köstliches Sonett oder ein sonderbares satirisches Gedicht.

Und jedesmal, wenn der Dichter die Weste des Malers anlegt, muß er an die guten Hunde denken, an die philosophischen Hunde, an den Altweibersommer und an die Schönheit sehr reifer Frauen.

Von Kötern und Rassehunden

JOSEPH ROTH

Sentimentale Reportage

Am Morgen stand vor dem Hotel ein Hund. Mit dem
flüchtigen Blick eines Schriftstellers, dem Individuen
vertrauter sind als Gruppen, Gattungen und Rassen, sah
ich den Hund für einen Fox an. Er sprang an mir hoch,
leckte meine Hand, erwartete, daß ich ihm etwas zum
Spielen hinwerfe. Er hatte ein weißes Fell und unter dem
linken Auge einen schwarzen Fleck. Während ich seine
Ohren betrachtete, mit denen er wedeln konnte, gewann
ich den Eindruck, daß es die Ohren eines Jagdhundes
waren; und weil ich die Mischungen höher schätze als die
mühsam gezüchteten Abkömmlinge reiner Rassen (die
auch durch Mischungen entstanden sind) und weil ich –
vielleicht im Gegensatz zur Naturwissenschaft – glaube,
daß die Ereignisse einer zufälligen, unkontrollierten und
obdachlosen Leidenschaft intelligenter sind als die einer
sorgfältig vermittelten Tier-Ehe, wurde mir der gleich-
gültige und fremde Hund sympathisch. Er war kein Fox.
Aber er war ein Hund.

Kein Zweifel, daß er herrenlos war. Er trug zwar ein
Halsband, aber keine Marke. Es war ein gutes, ledernes
Halsband, mit kleinen quadratischen Metallplättchen
verziert. Solche Halsbänder kaufen nur wohlhabende
Hundebesitzer. Diese aber hängen auch Marken an die

49

*Hunde verschiedener Rasse. – 1: Der Haus- oder Bauer-Hund;
2: Der Schäferhund; 3: Der Bullenbeißer; 4: Die Dogge; 5: Der
Hühner- oder Wachtelhund; 6: Der Amerikanische Wasserhund.*

Halsbänder. Wenn der Hund zwar noch ein Halsband, aber keine Marke mehr besaß, so war anzunehmen, daß ihn sein Herr nicht verloren, sondern verlassen hatte. Ich nahm es jedenfalls an, daß der Herr den Hund gekauft hatte – in der Meinung, es sei ein Fox. Als der Herr aber sah, daß der Hund die Ohren eines Jagdhundes bekam, beschloß er, das Tier loszuwerden. Er führte es – es war noch jung, und Millionen Gerüche verwirrten es – in eine abgelegene Straße, ließ es stehen, sprang in ein Auto und verschwand. Denn nicht alle Menschen denken so über Mischlinge wie ich.

Außerdem war der Hund krank. Über seiner Stirn war ein dünner, rötlicher Ausschlag verstreut – nicht häßlich, nicht ekelhaft, eher harmlos und vom Aussehen einer harmlosen obligaten Kinderkrankheit, aber immerhin ein Ausschlag. Er roch nach einer Salbe, mit der man ihn noch jüngst behandelt haben mußte. Dieser starke Duft – er war wie Lavendel und Karbol – mochte die unerfahrene Nase des Hundes noch mehr verwirrt haben, so daß er nicht mehr nach Hause fand und einen fremden Menschen für einen bekannten hielt. Den Entschluß des Besitzers, den Hund zu verlassen, hatte diese Krankheit sicherlich gefestigt, wenn nicht hervorgerufen. Denn ich traue der Güte eines Menschenherzens noch immerhin so viel zu, daß es einen Mischling erträgt. Aber einen kranken Mischling gesund zu pflegen, und wäre es auch nur mit einer Salbe, geht über seine Kraft. Schließlich ist man nur ein Mensch.

Am Nachmittag dieses Tages mußte ich den Ort – ein Kurort in Südfrankreich – verlassen. Ich hatte eine lange Reise vor. Achtzehn Stunden in einem Güterwagen, an jeder Station von geschäftigen und vielleicht auch gehässigen Trägern gestoßen oder geworfen: Das ist für einen kranken Hund zuviel. Ich hätte mich freilich um ihn kümmern, ihn vielleicht im Kupee verbergen können. Aber auch mein Herz hat nur menschliche Qualitäten.

Ich ging mit dem Hund ins Restaurant. Er bekam einen Knochen, Gemüse und Wasser. Den Knochen nahm er mit, als wir weitergingen. Wir kamen zur Polizei, in die »Abteilung für gefundene Gegenstände«. In einem kahlen und feuchten Zimmer saß ein Beamter an einem langen und breiten Tisch. Dieser Tisch, schwarzbraun, von Holzwürmern zernagt, von Millionen Federn zerstochen, bildete zugleich die Barriere zwischen dem Beamten und dem Publikum. Um auf seinen Stuhl zu gelangen, mußte der Mann über den Tisch klettern oder durch eine verborgene, absichtlich geheim angebrachte Tür das Zimmer betreten, ähnlich wie Schauspieler die Bühne. Es schien mir auch, daß der Beamte hinter dem Tisch gar nicht seinen nüchternen Beruf ausübte, sondern daß er eine Rolle spielte – eine Nebenrolle allerdings. Er saß vor einem schmalen Buch, einem Tintenfaß, einem grünen Federhalter – den einzigen Gegenständen auf dem breiten, wüsten Tisch –, und er schrieb nicht einmal. Er wartete. Vielleicht verließ er dieses Zimmer überhaupt niemals. Vielleicht wartete er seit der Begründung der Polizei. Er hatte runde, goldbraune und sehr schnelle Augen. Sie erinnerten an die kleinen, gläsernen Spielkugeln der Kinder. Nach allen Richtungen rollten sie hurtig – von allen Körperteilen, die den Beamten ausmachten, schienen sie allein frei und beweglich zu sein. Denn selbst die Hand, die der Beamte mit der Feder zum Tintenfaß und dann zum Buch führte, bewegte sich nicht dermaßen, daß man sagen könnte, es wäre eine freie Hand gewesen. Es war, als könnte sie überhaupt keine andere Bewegung vollführen als die von der Weste zum Tintenfaß und vom Tintenfaß zum Buch. Es war eine rötliche, dünne Hand mit blauen Adern und stumpfen Nägeln, und von den Fingern waren nur Daumen und Zeigefinger gebrauchsfähig. Die andern drei Finger hingen nutzlos an der Hand wie Berlocken. Der Arm steckte ebenfalls fest an der Schulter, nicht durch eines der üblichen Kugelgelenke mit ihr verbunden, sondern wie ein Riegel in sie geschoben.

Der Hund spielte unter dem Tisch mit dem Knochen. Zwar war er kein Gegenstand, aber er gehörte doch in die Abteilung für gefundene Gegenstände. Während der Beamte aber Brieftaschen zu behalten das Recht und die Pflicht hatte, blieb ihm, einen Hund zu bewahren, überhaupt keine Möglichkeit. Vielmehr bestimmte das Gesetz, daß ich, dieser Finder, den Hund 24 Stunden zu behüten, zu pflegen und zu ernähren habe. Meldete sich nach Ablauf der Frist der Eigentümer nicht, so konnte ich den Hund laufen oder töten lassen.

Ich sagte dem Beamten, daß ich gegen dieses Gesetz zu handeln und heute noch abzureisen entschlossen sei, vielleicht mit dem Hund, wahrscheinlich aber ohne ihn. »Wie Sie wollen!« sagte der Beamte. Denn es war nicht seine Pflicht, mich von einer Übertretung zurückzuhalten. Ich war bereits erwachsen und konnte tun, was ich wollte. Er legte seine Sehkügelchen einen Augenblick auf mein Gesicht. Er sah mich an wie einen, der ins Feuer rennt. Andere, nicht an Schreibtische gebundene, auf Automobilen dahinsausende Beamte waren dazu da, mich irgendwo zu ergreifen und den Gerichten zu überliefern. Ihm selbst blieb nichts mehr übrig, als dem Hund unter dem Tisch einen Fußtritt zu versetzen. Er konnte es sich leisten, weil es ja ein herrenloser Hund

und ein gefundener Gegenstand war. Er mußte es sogar tun, denn wie sollte man einem Tier anders beibringen, daß es bereits eingetragen sei? Vielleicht benützte der Mann auch die Gelegenheit, mir zu zeigen, daß er noch einen Fuß bewegen könne. Denn er saß, wie gesagt, schon lange auf seinem Platz.

Auf der Straße riet mir ein Mann, ich sollte mit dem Hund zum Tierschutzverein. Ich läutete an dem eisernen Gitter einer Villa. Auf der Stiege kam mir ein Herr entgegen, dessen Gesicht ich nicht sehen konnte. Er verbarg es im Schatten, der den oberen Teil der Stiege verfinsterte. Ich sah nur seine Weste, seine dunkle Hose, seine roten Pantoffeln, ein Stückchen von seinen gelben Strümpfen. Ich hörte nur seine Stimme, eine sanfte, tiefe Stimme, aus einem eingefetteten Hals. Die Worte rollten auf geölten Rädern. Die Stimme wies mich ab. Sie wäre zwar, sagte sie, der Präsident des Tierschutzvereins. Aber sie könne nur in der Saison, wenn die Engländer kämen, Tiere annehmen, für die sich unter den Kurgästen ein Käufer finde.

Ich fragte in den Schatten hinauf, ob es einen Tierarzt in der Nähe gäbe. Ja, kam es zurück, aber einen, den man zahlen müßte. Offenbar wurde oben angenommen, daß jemand, der einen falschen Fox gefunden habe, eine Konsultation zu bezahlen nicht imstande sei. »Ich werde bezahlen!« rief ich empor. Und erfuhr die Adresse.

Es war aber bereits zehn Minuten nach vier, als ich zum Tierarzt kam. Seine Frau öffnete, erkannte sofort die schlechte Rasse des Hundes, zählte auch mich ihr zu und sagte: »Mein Mann arbeitet nur bis vier. Sie können ja lesen!« Es war eine hübsche, blonde, vollbusige, junge Frau, geschnürt, gepudert, das Haar gewellt, die Lippen geschminkt, so übertrieben tadellos angezogen, als wäre sie bei sich selbst zu Besuch. Ich ahnte, während ich sie betrachtete, die peinliche Sauberkeit ihrer Zimmer, ihren Abscheu gegen Staub, Armut, Motten und Revolution, ihre Sparsamkeit, ihre eheliche Treue, den Mangel an Gelegenheit und den ständigen Verkehr mit Tierärzten, die nichts anderes waren als ihr Mann – denn die Frauen lieben manchmal den Wechsel der Berufe mehr als den der Männer. Ich sah sie zu früher Morgenstunde aufstehn, Nippessachen abstauben, Aschenbecher putzen, die von nackten Nymphen aus Kupfer gehalten waren, silberne Kaffeelöffel abzählen, Mittagessen vorbereiten, ich sah sie nach dem Essen im Schaukelstuhl sitzen und im »Echo de Paris« von den Greueln der Bolschewiken und den neuen Rüstungen der Deutschen lesen. In den zwei Minuten, die sie brauchte, um mich hinauszuwerfen, erkannte ich sie und ihre Tugenden – denn im Gegensatz zum Hund gehörte sie einer ganz bestimmten Gattung an, einer Rasse, möchte ich sagen, deren Angehörige in allen Ländern der Welt die gleichen Eigenschaften auszeichnen.

Wir fanden einen andern Tierarzt, der bis fünf Uhr ordinierte. Es war ein kleiner, flinker, gefälliger Mann, er sah eher einem Schnellphotographen ähnlich. Wenn er den Hund prüfte, so schien es mir, daß er über eine günstige Art, das Tier aufzunehmen, und nicht über seine Krankheit nachdachte. Es sei nicht schlimm! meinte er. Außerdem gäbe es einen guten Ausweg! Vor zwei Wochen sei ein neuer Tierarzt gekommen, ein städtischer, der die Hunde nicht töten lasse. Er käme jeden Tag zum Wasenmeister, pflegte die Hunde bis zur Versteigerung. Seien sie aber unheilbar, so töte er sie auf eine humane Weise.

Es blieb noch eine Stunde Zeit bis zu meiner Abfahrt.

Ich begab mich mit dem Hund zum Wasenmeister. Es war ein großer, starker, heiterer Mann mit einer Amtsmütze. Dieses Lächeln, sagte ich mir, kommt nur von einem guten Gewissen. Dieser Wasenmeister sollte Präsident des Tierschutzvereins sein. Sein gutes Herz liegt ihm auf der Zunge. Die Hunde wissen ihn gar nicht zu schätzen. Er ist zu stark, um feig zu sein. Er ist zu simpel, um schlecht zu sein. Sieh, wie sein Gesicht breit ist, ein Teller voll Güte! –

Der Hund aber – er stand zu tief, um das Angesicht des großen Mannes sehen zu können – roch an dem Wasenmeister nur tausend gefangene Hunde und nichts mehr. Der Hund ließ sich von ihm nicht anfassen. Ich selbst mußte das Tier in den Käfig sperren. Es nahm noch den Knochen mit. Ich gab dem Wasenmeister ein Trinkgeld und drohte, daß ich mich nach einigen Tagen nach dem Schicksal des Hundes erkundigen werde. –

Ich fuhr weiter. Ich lebte, einer Arbeit hingegeben, in einer fernen Stadt im nördlichen Frankreich, eine Woche, zwei Wochen. Eines Tages begann ich, an den Augenblick zu denken, in dem ich den Hund in den Käfig gesperrt hatte. Diese Erinnerung hatte gar keinen vernünftigen Anlaß. Sie kam wie ein stiller Wind. Vor meiner strengen Prüfung nahm sie zwar bald das Gesicht einer Sentimentalität an. Aber als ich noch strenger prüfte, fiel es mir schwer, eine »Sentimentalität« zu definieren. Was war das? Vor elf Jahren habe ich drei Sturmangriffe erlebt. Einmal sah ich rings um einen Brunnen, der vom Feind »eingeschlossen« war, ein Dutzend toter Kameraden liegen, deren Durst stärker gewesen war als die Furcht vor dem Tode. Ich erinnerte mich an die sterbenden Pferde an den Rändern der Wege, die wir gezogen waren. Was war eine »Sentimentalität«? War die

Reue über den Verrat an einem Menschen selbstverständlich und die über den Verrat an einem Hund »sentimental«?

Ich kam zu der Überzeugung, daß ich sozusagen sentimental sei. Und ich telegraphierte dem Wasenmeister: Wenn der Fox, am Soundsovielten samt Trinkgeld übergeben, gesund und am Leben, so bitte ich um Bescheid, wann er gegen eine angemessene, hohe Belohnung abzuholen wäre. Ich bezahlte die Antwort.

Sie lautete – kurz und bündig, wie es der Stil der Wasenmeister erfordert: »Pas de fox.« Das heißt: Kein Fox! Oder noch besser: Keine Spur von einem Fox!...

Und ich verstand den Sinn dieses Telegramms. In einem Brief hätte mir der Wasenmeister etwa folgendes mitgeteilt: Weil der Hund kein rassereiner Hund war, also kein Fox, also wahrscheinlich nicht zu verkaufen, habe ich ihn, der noch hätte leben können, getötet. Es ist nicht der erste Hund, es ist auch nicht der letzte Hund. Nur keine Sentimentalitäten! –

JAMES THURBER

Momentaufnahme eines Hundes

Neulich, als ich in alten Sachen kramte, fiel mir ein verblaßtes Foto von ihm in die Hände. Er ist jetzt 25 Jahre tot. Er hieß Rex – meine beiden Brüder und ich hatten ihn so getauft, als wir zwischen 10 und 15 waren – und war ein Bullterrier. »Ein amerikanischer Bullterrier«, sagten wir immer sehr stolz; »keine von euern englischen Bulldoggen da.« Über dem einen Auge hatte er einen braunen Fleck, wodurch er einen manchmal an einen Politiker mit Melone und Zigarre erinnerte. Im übrigen war er weiß, mit Ausnahme eines braunen Sattels, der ständig herunterzurutschen schien, und eines braunen Strumpfs am Hinterlauf. Trotzdem hatte er etwas Edles; er war groß, muskulös und prachtvoll gebaut. Niemals verlor er seine Würde, selbst dann nicht, wenn er die ausgefallenen Aufgaben zu lösen versuchte, die meine Brüder und ich ihm zu stellen pflegten. Eine davon bestand darin, eine drei Meter lange Holzstange durch das hintere Tor in den Hof zu bringen. Wir warfen sie auf den Gartenweg draußen und sagten ihm, er solle sie holen. Rex war stark wie ein Ringkämpfer, und es gab nicht vieles, was er nicht irgendwie mit seinen gewaltigen Kiefern zu packen, aufzunehmen und dahin zu schleppen versuchte, wo er oder wir es gerade hin haben wollten. Er schnappte die Stange so, daß er sie im Gleichgewicht hatte, nahm sie glatt vom Boden auf und trottete höchst zuversichtlich auf das Tor zu. Da es aber nur etwas über einen Meter Weite hatte, konnte er sie nicht quer durchkriegen. Nachdem er ein paarmal furchtbar dagegengeschlagen war, hatte er's heraus, daß es nicht ging, gab aber nicht nach. Schließlich kam er dahinter, wie es zu machen wäre, nämlich indem er die Stange an einem Ende packte und sie dann knurrend so hineinschleppte. Diese Arbeit machte ihm viel Spaß und befriedigte ihn sehr. Wir wetteten immer mit anderen Jungens, die Rex noch nicht bei der Arbeit gesehen hatten, daß er auch einen Baseball fangen könnte, den sie so hoch werfen könnten, wie sic wollten. Fast niemals hat er uns enttäuscht. Er konnte einen Baseball so bequem in der einen Backentasche seines Mauls halten, als wäre er ein Priem.

Rex war ein wilder Raufer, fing aber nie von selber an. Ich glaube nicht, daß er gern in Keilereien geriet, obwohl er tatsächlich von Raufern abstammte; er ging anderen Hunden niemals an die Kehle, sondern kriegte sie beim Ohr (das war ein Denkzettel für sie), schnappte zu und hielt mit geschlossenen Augen fest. Manchmal stundenlang. Seine längste Rauferei hat eines Sonntags einmal vom Einbruch der Dämmerung bis in die pechschwarze Dunkelheit gedauert. Sie ist in der East Main Street in Columbus mit einer mächtigen bissigen Promenadenmischung ausgefochten worden, die einem Farbigen gehörte. Als Rex endlich seinen Ohrgriff angewendet hatte, wurde aus dem kurzen Wirbel von Geknurre ein Angstgejaule. Es konnte einem beim Anhören und Zusehen Angst werden. Irgendwie schnappte sich der Neger dann mutig die beiden Hunde und fing an, sie sich um den Kopf zu wirbeln; schließlich ließ er sie wie beim Hammerwurf lossausen, aber obgleich sie drei Meter entfernt mit einem großen Plumps landeten, ließ Rex doch nicht locker. Die beiden sind dann in die Mitte der Fahrbahn geraten, und nach einiger Zeit haben zwei oder drei Straßenbahnen wegen des Kampfes halten müssen. Ein Wagenführer versuchte, Rexens Kiefer mit einem Stück Kabel aufzustemmen; jemand steckte ein Feuer an, setzte einen Stock in Brand und hielt ihn Rex an den Schwanz – aber er nahm davon keine Notiz. Schließlich waren alle Anwohner und Ladeninhaber der Nachbarschaft versammelt und empfahlen schreiend dies und jenes. Rexens Rauflust war, sobald die Keilerei einmal im Gange war, fast gelassen; er hatte dann so etwas wie einen freundlichen Ausdruck, keinen bösartigen, und Augen, die man für schlafend hätte halten können, wenn nicht der Aufruhr des Kampfes gewesen wäre. Schließlich mußte nach der Feuerwache in der Oak Street geschickt werden – ich weiß nicht, warum niemand früher darauf kam. Fünf oder sechs Löschzüge erschienen, gefolgt vom Oberbranddirektor. Ein Schlauch wurde angeschlossen und dann ein gewaltiger Wasserstrahl auf die Hunde gerichtet. Einige Augenblicke hielt Rex noch fest, während der Strudel ihn herumbeutelte wie einen Holzstamm im Wildwasser. Als er endlich losließ, war er 150 Meter von der Stelle entfernt, an der die Rauferei begonnen hatte.

Die Geschichte dieser homerischen Schlacht machte die Runde durch die ganze Stadt, und einige unserer Verwandten sahen das Ereignis als einen Fleck auf die Familienehre an. Sie bestanden darauf, daß wir Rex abschaffen müßten, aber wir waren glücklich mit ihm, und niemand hätte uns dazu gebracht, ihn aufzugeben. Eher hätten wir mit ihm zusammen die Stadt verlassen, einerlei wohin. Vielleicht wäre es etwas anderes gewesen, wenn er jemals selbst zu raufen angefangen hätte oder auf Keilereien ausgewesen wäre. Aber er war liebenswürdig veranlagt. Niemals hat er in den zehn anstrengenden Jahren seines Daseins einen Menschen gebissen, nicht einmal angeknurrt. Strolche ausgenommen. Katzen brachte er allerdings um, aber schnell und sauber und ohne besondere Bosheit, so wie Menschen manche Tiere töten. Es war das einzige, was wir ihm niemals abgewöhnen konnten. Er hat nie ein Eichhörnchen getötet oder auch nur gehetzt; warum, weiß ich nicht – in derlei Dingen hatte er seine eigene Philosophie. Hinter Wagen oder Autos lief er niemals bellend her. Er schien nicht einzusehen, wozu man hinter etwas herrennen sollte, das man nicht fangen oder mit dem man doch nichts aufstellen konnte, selbst wenn man's fing. Ein Wagen gehörte zu den Dingen, die er nicht mit seinen mächtigen Kiefern fortzerren konnte, und das wußte er. Infolgedessen gehörten Wagen nicht zu seiner Welt. Schwimmen war seine Lieblingserholung. Als er zum erstenmal ein richtiges Gewässer, den Alumfluß, sah, trottete er eine Weile nervös die steile Böschung entlang, verfiel in wildes Gebell und stürzte sich schließlich von einer Höhe von zweieinhalb Meter oder mehr hinein. Ich werde mich immer an diesen sauberen ersten Sprung erinnern. Dann schwamm er flußabwärts und wieder zurück, bloß so zum Spaß, ganz wie ein Mensch. Es war köstlich, ihn gegen die starke Strömung kämpfen zu sehen, wie er strampelnd sich im Wasser so gut wie irgendwer [amüsierte], den ich kenne. Einen Stock brauchte man ihm nicht erst hineinzuwerfen, um ihn hineinzubekommen; wenn man einen warf, brachte er ihn natürlich zurück – er würde auch ein Klavier apportiert haben, wenn man eins hineingeworfen hätte.

Das erinnert mich an eine Nacht – lange nach zwölf, in der er im Mondenschein herumstromerte und eine kleine Kommode mitbrachte, die er irgendwo gefunden hatte – wie weit vom Haus entfernt, hat man nie erfahren; da Rex sie brachte, konnte es gut eine halbe Meile weit weg gewesen sein. Als er sie schließlich dahatte, waren keine Schubladen drin, und viel taugte sie auch nicht; er hatte sie nicht aus irgendeinem Haus geholt – es war bloß ein ganz altes dürftiges Stück, das jemand auf den Schutthaufen geworfen haben mußte. Und doch war's etwas, das er haben wollte, vermutlich, weil es eine hübsche Transportaufgabe darstellte, die sein Können reizte. Wir erfuhren von dieser Leistung erst, als wir mitten in der Nacht hörten, wie er versuchte, die Kommode auf die Vorderveranda heraufzubekommen. Es klang, als machten sich drei oder vier Leute daran, das Haus einzureißen. Wir kamen herunter und knipsten die Vorplatzbeleuchtung an. Rex war auf der obersten Treppenstufe und strengte sich an, das Dings hochzuziehen – es hatte sich aber irgendwo verfangen, und er selbst konnte sich gerade noch oben halten. Vermutlich würde er sich bis zum Morgen gehalten haben, wenn wir ihm nicht geholfen hätten. Am nächsten Tag fuhren wir die Kommode weg und warfen sie fort. Hätten wir sie an irgendeinen Weg in der Nähe abgeladen, dann würde er sie wieder nach Hause gebracht haben als einen kleinen Beweis seiner Rechtschaffenheit in derartigen Dingen. Letzten Endes – man hatte ihn ja gelehrt, schwere hölzerne Gegenstände herumzuschleppen, und er war stolz auf seine Bravour.

Froh bin ich, daß Rex niemals einen abgerichteten Polizeihund hat springen sehen. Er selbst war nur Amateurspringer, aber der tollkühnste und hartnäckigste, den ich je gesehen habe. Er nahm jeden Zaun, den wir ihm zeigten. 1,80 waren ihm ein leichtes, und er konnte auch 2,50 schaffen – indem er einen gewaltigen Satz machte und sich das letzte Stück mit den Pfoten hinüberstemmte, stöhnend und mit großem Kraftaufwand. Aber er hat gelebt bis an sein Ende, ohne zu wissen, daß drei bis vier Meter hohe Mauern zu viel für ihn waren. Oft haben wir ihn gewaltsam nach Hause tragen müssen, wenn wir ihn wieder einmal einen solchen Versuch hatten machen lassen. Von selbst hätte er das Probieren nicht aufgegeben.

In seiner Welt gab es nichts Unmögliches. Selbst der Tod konnte ihn einfach nicht niederschlagen. Er starb zwar, aber erst – wie einer seiner Bewunderer gesagt hatte –, nachdem er sich den Todesengel mehr als eine Stunde lang auf Armeslänge vom Leib gehalten hatte. An einem Spätnachmittag kam er nach Hause geschlichen, zu langsam und zu unsicher auf den Beinen, um noch der Rex sein zu können, der munter zehn Jahre lang unseren Gartenweg zum Haus heraufgetrottet war. Ich glaube, als er durch das Tor kam, wußten wir alle gleich, daß er am Sterben war. Offenbar hatte jemand ihn furchtbar verprügelt, wahrscheinlich der Eigentümer eines Hundes, mit dem er ins Raufen gekommen war. Sein Kopf und der ganze Körper waren mit Wunden bedeckt; das schwere Halsband mit den Bißnarben vieler Kämpfe war zerrissen, und einige der Messingknöpfe waren vom Leder gesprungen. Er leckte uns die Hände, strauchelte und fiel hin, stand aber wieder auf. Wir konnten sehen, daß er nach jemand suchte. Einer seiner drei Herren war nicht zu Hause – und blieb auch noch eine Stunde lang fort. Während dieser Stunde kämpfte der Bullterrier gegen den Tod, wie er gegen die kalte Strömung des Alumflusses und um die drei Meter hohe Mauer gekämpft hatte. Als der Erwartete dann wirklich pfeifend durchs Tor eintrat und dann aufhörte zu pfeifen, tat Rex ein paar schwankende Schritte auf ihn zu, berührte seine Hand mit der Schnauze und fiel um. Diesmal stand er nicht mehr auf.

WOLFDIETRICH SCHNURRE

Aus dem Diarium eines Pudelnarren

Andere Hunde hält man; einen Pudel hat man zu Gast. Ständig hat man bei diesen Zauberwesen das Gefühl, sie haben einen Koffer mit zusammenklappbaren Flügeln unter der Couch stehen und verkünden eines Morgens mit bedauerndem Schulterzucken, daß sie nun ihren Engelsdienst antreten müßten. Keine Ahnung, wo sie den ausüben, hier hienieden wohl kaum. Vielleicht gibt es ein Pudelgestirn; vielleicht ist der Pudel ein Vorentwurf des Bewohners einer Welt, die noch kommt; vielleicht dient er auf Erden nur siebzehn von insgesamt tausend Alljahren ab? Es empfiehlt sich jedenfalls, entsprechend mit ihm Umgang zu pflegen.

Und wirklich ragt ja auch keine andere Hunderute so steil ins Metaphysische auf wie die Schwanzquaste des klassisch geschorenen Pudels. Nicht zufällig gleicht sein Seidengelock einer frisch ondulierten Kumuluswolke; nicht zufällig trifft man den Pudel so oft meditierend: Er ist durch eine unsichtbare Telefon-Nabelschnur noch direkt mit dem Weltgeist verbunden.

Goethe allerdings kann nie einem Pudel ins Auge geblickt haben; er hätte sonst unmöglich den Fauxpas begehen können, sich ausgerechnet den Teufel in einen verwandeln zu lassen.

Schopenhauer wußte da schon besser Bescheid, er hatte gleich zwei. Allerdings liegt auch hier ein Verdacht nahe: Er ging an Menschen statt mit ihnen um. Und das hieße nun in der Tat, den Pudel verkennen. Denn die Pudel sind seit je Philanthropen gewesen. Nicht, daß sie uns ändern wollten; sie wollen vollenden. Pudel sind Utopisten. Sie glauben nicht nur an uns, sie glauben auch, uns, durch ihr Beispiel an Milde und Toleranz, ihnen ähnlich machen zu können. Und wirklich sind hier auch schon – ich beobachtete das an mir selbst, der ich meinem Pudel von Jahr zu Jahr ähnlicher wurde – die denkwürdigsten Erfolge zu verzeichnen gewesen.

Natürlich gibt es auch Pudelgegner. Der Pudel ist ihnen zu zierlich; er sei kein Hund, argumentieren sie, allenfalls ein welsches Zuchtprodukt, gut, um es in die Vitrine zu stellen. Diese Bedauernswerten haben kein Organ entwickelt, um zu bemerken, daß der Pudel Esprit hat. Dabei, wie leicht ist das doch zu erkennen. Denn wie so oft, setzt sich Esprit auch hier zu allererst in Liebenswürdigkeit und in Charme um.

Und was schließlich das so häufig befehdete (klassische) nackte Hinterteil des Pudels betrifft, und überhaupt die traditionelle Überlieferung seines Kostüms: Ist es nicht weitaus einleuchtender, sich, als Sitz des Verstandes, erst mal den Kopf, darauf, mit dem Herzen darin, den Brustkasten zuwachsen zu lassen, den Allerwertesten hingegen verächtlich nackend zu tragen? Wann wohl wäre echte geistige Überlegenheit treffender zum Ausdruck gebracht worden als hier, in der klassischen französischen Pudelfrisur?

Und gibt es vielleicht etwas Grazileres, als so eine frisch geschorene Pudelpfote, bei der man ständig das Gefühl hat, sie sich in flamingofarbenes Porzellan verwandeln zu sehen?

Nein. Die Pudel sind die Prinzessinnen unter den Hunden; noch die geringste menschliche Unzulänglichkeitserbse unter ihrer Seelenmatratze schafft ihnen schlaflose Nächte.

Die Pudel bellen ein sehr altes Französisch; ihre Weltschau allerdings ist mehr von Buddha als von den französischen Moralisten beeinflußt. Eines Tages jedoch werden sie *alle* Sprachen verstehen, und dann werden die deutschen Pudel beim Frühstück Eichendorff, mittags Jean Paul und abends Graf Bobby zitieren.

Ein Pudel lacht. Ich habe noch nie in einem Gesicht ein solches Maß an unirdischer Heiterkeit und strahlender Unschuld beisammengesehen. Doch, ein einziges Mal: auf dem Puttengesicht eines Rokoko-Engels.

Der Pudel frißt nicht, er diniert. Ich habe mich schon immer gewundert, ihn noch keine Spargel essen gesehen zu haben; der fingerspreizende Ästhetizismus, mit dem jener verzehrt wird – ich wüßte keine Eßzeremonie, die dem Pudel besser anstünde. Es sei denn, Reis mit Stäbchen zu speisen.

Wenn ein Pudel rennt, was sage ich: wenn er eilt, flappen ihm die Ohren wie Flügel ums Wollhaupt. In einem Traum sah ich das so dargestellt: Ali, mein gestorbener Pudel, schwebend in einer meergrünen Soutane und mit riesig vergrößerten Ohren, die sich majestätisch wie Adlerschwingen auf- und niederbewegten. Es muß der Pudelhimmel gewesen sein; die seidigen, abwechselnd nach Lavendel und Bratwurst duftenden Lüfte waren noch von zahllosen anderen Pudeln bevölkert, die sich alle lächelnd und mit beschaulich gekreuzten Pfoten wie Ali bewegten.

Mir ist, auch besten Willens, kein Transportmittel bekannt, das dem Pudel in Wahrheit gemäß wäre; es sei denn, die Sänfte.

Die Unschuld des Pudels ist die Luzifers vor seinem Sturz. Nur daß der Pudel – was man unschwer an seinen Augen erkennt – das Wissen, das Luzifer erst während seines Sturzes erfuhr, jungfräulich mitbekommen hat.

Es gibt, wie sehr man auch grübelt, eigentlich nur zwei dem Pudel adäquate Bekleidungsstücke: Nachthemd oder Ballettrock.

Den Pudelgott muß man sich ungefähr über Bali auf einer rosaroten Wolke thronend denken. Er ist sehr dick, sehr heiter und hat große Ähnlichkeit mit einem japanischen Freistilringer.

Der Baum des Pudels ist die Kiefer, sein Vogel der Kolibri; seine Lieblingsfarben sind Blau, Grün, Gold; sein Parfum ist Lavendel, seine Blume die Lilie, sein Wappen eine schmalrandige Brille mit einer wolkenumbrandeten Krone darüber.

Unmittelbar vor ihrer Menschwerdung, denke ich mir, werden die Pudel vornehmlich dreierlei Beschäftigungen nachgehen: Spinett spielen, zeichnen mit japanischer Tusche und am Stickrahmensitzen.

Über den Verstand und die Mentalität des Pudels bin ich mir noch nicht völlig im Klaren. »Pudel sind klug« sagt überhaupt nichts. Es gibt kluge Menschen, die eben deshalb unausstehlich sind. Die Pudel-»Klugheit« ist aber das Liebenswerteste und Unaufdringlichste, das sich nur denken läßt. Sie umschließt sowohl die Hauptingredienzen einer teddybärhaften Parzivaltumbheit, als

auch die naiv-unschuldige Quecksilbrigkeit eines Gold-
hähnchens; doch auch vom erfahrungsgesättigten, sich
später dann so erschreckend rapid wieder verflüchtigen-
den Urwissen des Säuglings ist etwas in ihr. Immer jedoch bleibt noch etwas aufregend Undefinierbares, mär-
chenhaft Unwirkliches an ihrem Grunde zurück. Und
das ist es, woraus sich eines Tages, wenn die Verzaube-
rungsperiode der Pudel vorbei ist, der neue Mensch: der
Mensch mit der Pudelseele erheben wird.

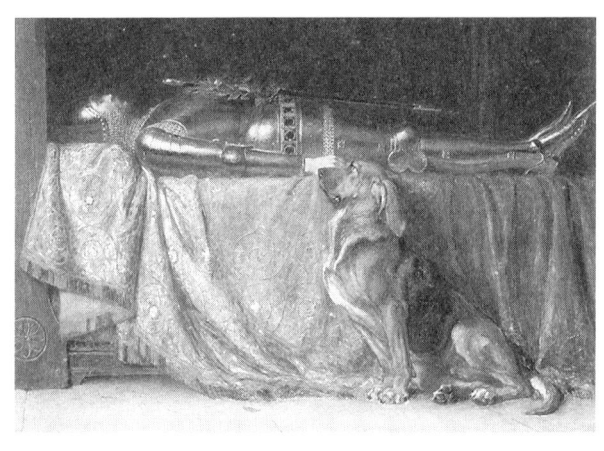

Briton Rivière: Requiescat

Der treue Hund

HOMER

Argos

Und ein Hund lag da, der hob den Kopf und die Ohren,
Argos, des leiderprobten Odysseus Hund, den er selbst
     einst
Aufzog, ohne sich seiner zu freuen, er ging ja zuvor
     schon
Fort zum heiligen Ilion; früher, da führten die jungen
Männer ihn oft auf wilde Ziegen und Rehe und Hasen;
Nun aber, da sein Herr weit weg war, lag er verwahrlost
Auf einer Menge von Mist, der von Maultieren und auch
     von Rindern
Da gehäuft vor den Toren lag, bis daß des Odysseus
Knechte ihn holten, den großen Bezirk des Königs zu
     düngen.
Dort lag Argos, der Hund, der von Hundeläusen
     bedeckt war.
Als der wahrnahm, daß es Odysseus war, der ihm nahte,
Wedelte er mit dem Schwanz und senkte die Ohren, die
     beiden.
Doch er vermochte nicht mehr, zu seinem Herren zu
     kommen.
Der aber blickte zur Seite und wischte sich ab eine Träne,
Sie vor Eumaios verbergend, und fragte ihn dann mit den
     Worten:

»Merkwürdig ist's, Eumaios, daß dieser Hund auf dem
  Mist liegt.
Schön ist er zwar von Gestalt, jedoch ich bin mir nicht
  sicher,
Ob er auch schnell im Laufe war bei solch einem
  Aussehn;
Oder war er nur so, wie die Hunde am Tische der
  Männer
Werden, welche die Herren des Prunkes wegen sich
  halten.«
Da erwidertest du und sagtest, Sauhirt Eumaios:
»Freilich, dies ist der Hund des Mannes, der in der Ferne
Starb; und wär er noch ebenso an Gestalt und an
  Werken,
Wie ihn Odysseus hier, nach Troja ziehend, zurückließ,
Würdest du staunen, wenn du die Schnelligkeit sähst und
  die Stärke.
Welches Wild er auch jagte in dichtbewaldeten Tälern,
Nie entging ihm eines; er war ihm stets auf der Fährte.
Aber nun liegt er im Elend hier, denn fern von der
  Heimat
Starb sein Herr, und die lässigen Weiber versäumen die
  Pflege.
Denn die Knechte, sobald ihnen nicht die Herren
  befehlen,
Wollen sogleich nicht mehr die gebührende Arbeit
  verrichten.
Nimmt doch der weitum blickende Zeus die Hälfte des
  Wertes
Jedem Mann, sobald ihn ergreift die Stunde der
  Knechtschaft.«
Sprach's und ging in die Häuser, die wohlbewohnten,
  hinein dann

Und schritt gleich in den Saal in die Mitte der trotzigen
    Freier.
Aber den Argos ergriff das Geschick des finsteren Todes
Gleich, nachdem er Odysseus sah im zwanzigsten Jahre.

ADELBERT VON CHAMISSO

Der Bettler und sein Hund

Drei Taler erlegen für meinen Hund!
So schlage das Wetter mich gleich in den Grund!
Was denken die Herrn von der Polizei?
Was soll nun wieder die Schinderei?

Ich bin ein alter, ein kranker Mann,
Der keinen Groschen verdienen kann;
Ich habe nicht Geld, ich habe nicht Brot,
Ich lebe ja nur von Hunger und Not.

Und wann ich erkrankt, und wann ich verarmt,
Wer hat sich da noch meiner erbarmt?
Wer hat, wann ich auf Gottes Welt
Allein mich fand, zu mir sich gesellt?

Wer hat mich geliebt, wann ich mich gehärmt?
Wer, wann ich fror, hat mich gewärmt?
Wer hat mit mir, wann ich hungrig gemurrt,
Getrost gehungert und nicht geknurrt?

Es geht zur Neige mit uns zwei'n,
Es muß, mein Tier, geschieden sein;
Du bist, wie ich, nun alt und krank,
Ich soll dich ersäufen, das ist der Dank!

Das ist der Dank, das ist der Lohn!
Dir geht's wie manchem Erdensohn.
Zum Teufel! ich war bei mancher Schlacht,
Den Henker hab' ich noch nicht gemacht.

Das ist der Strick, das ist der Stein,
Das ist das Wasser, – es muß ja sein.
Komm her, du Köter, und sieh mich nicht an,
Noch nur ein Fußstoß, so ist es getan.

Wie er in die Schlinge den Hals ihm gesteckt,
Hat wedelnd der Hund die Hand ihm geleckt,
Da zog er die Schlinge sogleich zurück,
Und warf sie schnell um sein eigen Genick.

Und tat einen Fluch, gar schauderhaft,
Und raffte zusammen die letzte Kraft
Und stürzt' in die Flut sich, die tönend stieg,
Im Kreise sich zog und über ihm schwieg.

Wohl sprang der Hund zur Rettung hinzu,
Wohl heult' er die Schiffer aus ihrer Ruh.
Wohl zog er sie winselnd und zerrend her, –
Wie sie ihn fanden, da war er nicht mehr.

Er ward verscharret in stiller Stund,
Es folgt' ihm winselnd nur der Hund,
Der hat, wo den Leib die Erde deckt,
Sich hingestreckt und ist da verreckt.

Otto Dix: Der Streichholzverkäufer

Kaschtanka

I

Schlechtes Benehmen

Eine junge rotbraune Hündin – Kreuzung von Dackel und Hofhund –, deren Schnauze stark an einen Fuchs erinnerte, lief auf dem Bürgersteig hin und her und blickte sich unruhig nach allen Seiten um. Von Zeit zu Zeit blieb sie stehen, winselte, hob bald die eine, bald die andere verfrorene Pfote und versuchte sich klar darüber zu werden, wie es geschehen konnte, daß sie sich verlaufen hatte.

Sie erinnerte sich sehr gut, wie sie den Tag verbracht hatte und schließlich auf diesen unbekannten Bürgersteig geraten war.

Der Tag begann damit, daß ihr Herr, der Tischler Luka Alexandrytsch, die Mütze aufsetzte, irgendein hölzernes, in ein rotes Tuch verpacktes Ding unter den Arm klemmte und rief: »Kaschtanka, komm!«

Als die Kreuzung von Dackel und Hofhund ihren Namen hörte, kam sie unter der Werkbank hervor, wo sie auf Holzspänen geschlafen hatte, streckte sich wohlig und folgte dem Herrn auf die Straße hinaus. Luka Alexandrytschs Kunden wohnten alle entsetzlich weit, und so mußte der Tischler auf dem Weg zu ihnen wiederholt eine Kneipe aufsuchen und sich stärken. Kaschtanka erinnerte sich, daß sie sich unterwegs höchst ungebührlich betragen hatte. Vor Freude darüber, daß man sie mitgenommen hatte, sprang sie immerfort hoch, stürzte kläffend hinter der Pferdebahn her, bog in Höfe ein und jagte anderen Hunden nach. Der Tischler verlor sie in einem fort aus dem Auge, blieb stehen und schrie sie ärgerlich an. Einmal packte er sie sogar mit einem Ausdruck von Rachgier an ihrem Fuchsohr, zauste sie daran und sagte mit scharfer Betonung: »Ver…rek…ken… sollst du, du Biest!«

Nachdem Luka Alexandrytsch die Kunden besucht hatte, sah er »für einen Augenblick« bei seiner Schwester herein, trank ein Gläschen und nahm einen Imbiß zu sich; von seiner Schwester ging er zu einem bekannten Buchbinder, vom Buchbinder in eine Kneipe, aus der Kneipe zu einem Gevatter und so fort. Mit einem Wort – als Kaschtanka auf den unbekannten Bürgersteig geriet, dunkelte es bereits, und der Tischler war voll wie eine Haubitze.

Er fuchtelte mit den Armen, seufzte aus tiefstem Herzen und lallte: »In Sünde hat mich die Mutter geboren! Ach, die Sünden, die Sünden! Da gehen wir auf den Straßen umher und blicken zu den Laternen, und wenn wir tot sind, brennt uns das höllische Feuer…«

Oder er verfiel in einen gemütlichen Ton, rief Kaschtanka zu sich heran und sagte zu ihr: »Du, Kaschtanka, bist eine Art Insekt und weiter nichts. Im Vergleich zu einem Menschen bist du dasselbe, was der Zimmermann im Vergleich zum Tischler ist…«

Während er auf diese Weise zu ihr sprach, erklang plötzlich Musik. Kaschtanka blickte sich um und sah auf dem Fahrdamm ein Regiment Soldaten auf sich zukommen. Da sie Musik nicht vertrug und sie ihr auf die Nerven ging, wurde sie unruhig und heulte. Zu ihrem nicht geringen Erstaunen erschrak der Tischler nicht, winselte und bellte auch nicht, sondern lächelte über das ganze Gesicht, nahm stramme Haltung an und legte die Hand an den Mützenschirm. Als Kaschtanka sah, daß ihr Herr keinen Protest erhob, heulte sie noch lauter los und stürzte außer sich über den Damm, zur anderen Straßenseite.

Als sie zu sich kam, spielte keine Musik mehr, und auch das Regiment war fort. Sie lief über den Damm zu der Stelle zurück, an der sie ihren Herrn verlassen hatte, aber – o weh! – der Tischler war nicht mehr da. Sie stürzte vor, dann wieder zurück und überquerte noch einmal den Damm, doch der Tischler schien von der Erde verschlungen... Kaschtanka beschnupperte den Bürgersteig in der Hoffnung, den Herrn nach dem Geruch seiner Fußspur herauszufinden, aber da war irgendein nichtswürdiger Mensch in neuen Gummigaloschen vorbeigekommen, und alle feineren Gerüche hatten sich mit dem scharfen Kautschukgestank vermischt – sie ließen sich nicht mehr unterscheiden.

Kaschtanka lief hin und her, konnte aber den Herrn nicht finden; inzwischen wurde es dunkel. Zu beiden Seiten der Straße flammten Laternen auf, und auch in den Fenstern der Häuser zeigte sich Licht. Dicker, flokkiger Schnee fiel und färbte den Fahrdamm, die Rücken der Pferde, die Mützen der Droschkenkutscher weiß; je stärker es dunkelte, desto weißer wurden die Dinge. Ununterbrochen strömten, Kaschtankas Blickfeld versperrend und sie mit den Füßen stoßend, unbekannte Kunden vorbei (Kaschtanka teilte die gesamte Menschheit in zwei sehr ungleiche Teile auf – in Meister und Kunden; zwischen diesen und jenen bestand ein wesentlicher Unterschied – die ersten hatten das Recht, sie zu schlagen, die anderen durfte sie ihrerseits in die Waden beißen).

Die Kunden hatten es alle sehr eilig und beachteten sie nicht im geringsten.

Als es ganz dunkel wurde, befiel Kaschtanka verzweifelte Angst. Sie drückte sich an irgendeine Haustür und winselte bitterlich. Die Tageswanderung mit Luka Alexandrytsch hatte sie erschöpft, sie fror an Ohren und Pfoten und verspürte obendrein einen entsetzlichen Hunger. Den ganzen Tag hatte sie nur zweimal etwas zu kauen gehabt – beim Buchbinder hatte sie ein wenig Leim gefressen und in einer Kneipe an der Theke eine Wurstpelle gefunden; das war alles. Wenn sie ein Mensch gewesen wäre, hätte sie sicher gedacht: Nein, so kann ich nicht weiterleben! Ich muß mich erschießen!

II

Der geheimnisvolle Unbekannte

Sie dachte jedoch an nichts und winselte nur. Als der weiche flockige Schnee schon ihren Kopf und den ganzen Rücken bedeckte und sie vor lauter Erschöpfung in schweren Schlummer sank, knackte plötzlich die Tür, quietschte und stieß gegen Kaschtankas Flanke. Sie sprang auf. Aus der Tür trat ein Mann, der zur Kategorie der Kunden gehörte. Da Kaschtanka winselte und vor seine Füße geriet, mußte er sie bemerken.

Er beugte sich zu ihr hinunter und fragte: »Hundeköter, wo kommst du her? Hab ich dir weh getan? Ach, du Ärmster, du Ärmster... Nun, sei nicht böse, sei nicht böse... Entschuldige schon!«

Kaschtanka sah den Unbekannten durch die Schneeflocken an, die ihre Wimpern verhängten, und erblickte ein kleines, beleibtes Männlein mit rundem, glattrasiertem Gesicht, in Zylinder und offenem Pelz.

»Was wimmerst du denn?« fuhr er fort und klopfte ihr den Schnee vom Rücken. »Wo ist dein Herrchen? Du hast ihn wohl verloren? Ach, armes Hundchen! Was fangen wir denn nun an?«

Kaschtanka, die einen Ton von Freundlichkeit und Herzlichkeit aus seiner Stimme heraushörte, leckte ihm die Hand und winselte noch kläglicher.

»Du bist ein liebes, komisches Kerlchen!« sagte der Fremde. »Siehst aus wie ein Fuchs! Nun gut, was soll man machen, komm also mit! Vielleicht kann man dich zu etwas brauchen... Los, fuit!«

Er schmatzte mit den Lippen und machte ein Zeichen mit der Hand, das nur bedeuten konnte: »Komm mit!« Und Kaschtanka ging mit.

Eine halbe Stunde später saß sie schon in einem großen hellen Zimmer auf dem Fußboden und blickte, den Kopf zur Seite geneigt, mit Rührung und Neugier auf den Unbekannten, der am Tisch saß und zu Mittag aß. Er aß und warf ihr dann und wann einen Bissen hin... Zuerst gab er ihr ein Stück Brot und etwas grüne Käserinde, dann einen Happen Fleisch, ein halbes Pastetchen und Hühnerknochen; sie schlang in ihrem Heißhunger alles so rasch hinunter, daß sie nicht dazu kam, auf den Geschmack zu achten. Und je mehr sie fraß, desto stärkeren Hunger empfand sie.

»Dein Herr hat dich aber schlecht gefüttert!« sagte der Unbekannte, als er sah, mit welcher grimmigen Gier sie die ungekauten Bissen hinunterschluckte. »Und wie mager du bist! Haut und Knochen...«

Kaschtanka fraß viel, wurde aber nicht satt, sondern war nur benebelt. Nach dem Mittagessen streckte sie sich mitten im Zimmer aus, fühlte eine angenehme Schlaffheit und wedelte mit dem Schwanz. Während sich ihr neuer Herr im Sessel rekelte und eine Zigarre rauchte, wedelte sie mit dem Schwanz und befaßte sich mit der Frage, wo es schöner sei – bei dem Unbekannten oder beim Tischler. Die Einrichtung bei dem Unbekannten war ärmlich und wenig schön; außer Sesseln, einem Sofa, einer Lampe und Teppichen hatte er nichts, und das Zimmer erschien leer; beim Tischler war die ganze Wohnung brechend voll; er hatte einen Tisch, eine Werkbank, einen Haufen Hobelspäne, Hobel, Stemmeisen, Sägen, einen Käfig mit einem Zeisig, einen Zuber... Beim Unbekannten roch es nach gar nichts, beim Tischler dagegen hing die Wohnung ständig voll Nebel und roch es wunderbar angenehm nach Leim, Lack und Spänen. Dafür hatte der Unbekannte einen sehr wichtigen Vorzug – es gab bei ihm viel zu fressen, und – das mußte man ihm lassen – während Kaschtanka neben dem Tisch gesessen und ihn gerührt angeblickt hatte, war er nicht ungeduldig geworden, hatte er kein einziges Mal mit den Füßen getrampelt und sie geschlagen oder angeschrien: »Hau ab, du Hundevieh!«

Nachdem der neue Herr seine Zigarre aufgeraucht hatte, ging er hinaus und kam nach kurzer Zeit mit einer kleinen Matratze wieder.

»He, Hundeköter, komm einmal her!« sagte er und tat die Matratze in die Ecke neben das Sofa. »Hier, leg dich hin. Schlaf!«

Dann löschte er das Licht und ging wieder hinaus. Kaschtanka streckte sich auf die kleine Matratze und schloß die Augen; auf der Straße hörte man Bellen, sie wollte schon antworten, wurde jedoch überraschend von Schwermut befallen. Luka Alexandrytsch und sein Sohn Fedjuschka, das behagliche Plätzchen unter der Werkbank fielen ihr ein... Sie erinnerte sich, wie an den langen Winterabenden, wenn der Tischler hobelte oder laut die Zeitung las, Fedjuschka mit ihr zu spielen pflegte... Er zerrte sie an den Hinterpfoten unter der Werkbank hervor und vollführte solche Kunststücke mit ihr, daß ihr grün vor Augen wurde und alle ihre Gelenke schmerzten. Er ließ sie auf den Hinterpfoten laufen, Tabak schnupfen oder eine Kirchenglocke darstellen, das heißt, er zog sie kräftig am Schwanz, so daß sie kreischte und bellte... Besonders qualvoll war folgendes Kunststück: Fedjuschka band ein Stückchen Fleisch an einen Faden, gab es Kaschtanka und zog den Happen, nachdem sie ihn verschluckt hatte, unter lautem Gelächter wieder aus ihrem Magen heraus. Und je lebhafter die Erinnerungen wurden, desto lauter und jämmerlicher winselte Kaschtanka.

Doch bald gewannen Müdigkeit und Wärme die Oberhand über die Schwermut... Sie schlief allmählich ein. In ihrer Phantasie huschten Hunde umher, unter anderem auch der zottige alte Pudel mit dem weißen Star am Auge und den Fellbüscheln an der Schnauze, den sie heute auf der Straße gesehen hatte. Fedjuschka rannte, einen Stechbeitel in der Hand, hinter dem Pudel her, bedeckte sich dann aber selber mit einem zottigen Fell, bellte vergnügt und befand sich plötzlich neben Kaschtanka. Kaschtanka und er beschnupperten einer des anderen Schnauze und liefen auf die Straße hinaus...

III
Neue, sehr angenehme Bekannte

Als Kaschtanka erwachte, war es schon hell, und von der Straße drang Lärm herein, wie es ihn nur am Tage gibt. Niemand war im Zimmer. Kaschtanka streckte sich, gähnte und machte, düster gelaunt und verdrießlich, einen Spaziergang durchs Zimmer. Sie beschnupperte Ekken und Möbel und sah in den Flur hinein, fand aber nichts Bemerkenswertes. Außer der Tür, die in den Flur führte, gab es noch eine zweite. Kaschtanka dachte nach, kratzte mit beiden Pfoten daran, drückte sie auf und betrat das nächste Zimmer. Hier schlief unter einer Flanelldecke ein Kunde, in dem sie den Unbekannten von gestern erkannte.

»Rrrr...« knurrte sie, erinnerte sich aber des gestrigen Mittagessens, wedelte mit dem Schwanz und begann herumzuschnuppern.

Sie beschnupperte Kleidung und Schuhe des Unbekannten und fand, daß sie stark nach Pferd rochen. Eine weitere Tür, die ebenfalls geschlossen war, führte aus dem Schlafzimmer in irgendeinen anderen Raum. Kaschtanka kratzte an ihr, stemmte sich mit der Brust dagegen, drückte sie auf und spürte sogleich einen merkwürdigen, äußerst verdächtigen Geruch. Knurrend und sich nach allen Seiten umblickend, betrat Kaschtanka, die eine unangenehme Begegnung ahnte, ein kleines Zimmer mit schmutzigen Tapeten und wich entsetzt zurück. Sie erblickte etwas Überraschendes und Schreckliches. Den Hals zur Erde gebogen, kam mit gespreizten Flügeln zischend ein grauer Ganter auf sie zu. Ein wenig abseits lag auf einer kleinen Matratze ein weißer Kater; als er Kaschtanka erblickte, sprang er auf, krümmte den Rükken, sträubte das Fell und fauchte, den Schwanz in der Luft. Kaschtanka war ernstlich erschrocken, wollte jedoch nicht zeigen, daß sie sich fürchtete, bellte laut und stürzte auf den Kater zu... Der Kater krümmte den Rücken noch stärker, fauchte und hieb Kaschtanka mit der Pfote auf den Kopf. Kaschtanka prallte zurück, duckte sich und brach, die Schnauze zum Kater ausgestreckt, in lautes, kreischendes Bellen aus; in diesem Augenblick kam der Ganter von hinten auf sie zu und kniff sie mit dem Schnabel in den Rücken. Das tat sehr weh. Kaschtanka sprang auf und stürzte sich auf die Gans...

»Was geht hier vor?« fragte eine laute, ärgerliche Stimme, und der Unbekannte betrat im Morgenrock, eine Zigarre zwischen den Zähnen, das Zimmer. »Was soll das heißen? Platz!«

Er ging auf den Kater zu, gab ihm einen Klaps auf den gekrümmten Rücken und sagte: »Fjodor Timofejitsch, was soll das heißen? Ihr rauft? Na warte, alte Kanaille! Hinlegen!«

Und er wandte sich an den Ganter und rief: »Iwan Iwanytsch, Platz!«

Der Kater legte sich gehorsam auf seine Matratze und schloß die Augen. Nach seiner Miene und seinem Schnurrbart zu urteilen, war er selber unzufrieden, sich so erhitzt und in eine Rauferei eingelassen zu haben. Kaschtanka brach in gekränktes Winseln aus, während der Ganter den Hals reckte und rasch, leidenschaftlich und deutlich, aber höchst unverständlich zu schnattern begann.

»Schon gut, schon gut!« sagte der Hausherr und gähnte. »Man muß in Frieden und Freundschaft miteinander leben.« Er streichelte Kaschtanka und fuhr fort: »Und du, Rotfuchs, hab keine Angst... Ist eine anständige Gesellschaft, sie tun dir nichts. Warte, wie wollen wir dich denn nennen? Ohne Namen, Verehrteste, ist das nichts.«

Der Unbekannte dachte nach und sagte: »Ich weiß... Du wirst einfach Tjotka, die Tante, heißen... Hast du verstanden? Tjotka!«

Er wiederholte mehrmals das Wort »Tjotka« und ging hinaus. Kaschtanka setzte sich nieder und beobachtete. Der Kater saß unbeweglich auf seiner Matratze und stellte sich schlafend. Der Ganter reckte den Hals, trat auf der Stelle und schnatterte rasch und leidenschaftlich fort. Es war offenbar ein sehr kluger Ganter; nach jeder längeren Tirade wich er verwundert zurück und tat, als sei er von seiner Rede restlos entzückt... Kaschtanka hörte ihm eine Weile zu, antwortete: »Rrrr...« und machte sich daran, die Ecken zu beschnuppern. In einer Ecke stand ein kleiner Futtertrog, in dem sie eingeweichte Erbsen und Roggenbrotkrüstchen entdeckte. Sie kostete von den Erbsen – sie schmeckten ihr nicht, dann kostete sie das Brot – und fraß. Der Ganter war keineswegs gekränkt, daß sich ein unbekannter Hund über sein Futter hermachte; er schnatterte im Gegenteil noch lauter, trat, um sein Vertrauen zu beweisen, selber an den Futtertrog und verspeiste einige Erbsen.

IV

Lauter Wunder

Einige Zeit später kam der Unbekannte aufs neue herein; er brachte ein seltsames Ding mit, das an ein Tor oder an einen Galgen erinnerte. Vom Querbalken dieses hölzernen, grob gezimmerten Galgens hingen eine Glocke und eine Pistole herab; vom Klöppel der Glocke und vom Hahn der Pistole zogen sich dünne Schnüre hin. Der Unbekannte stellte den Galgen in die Mitte des Zimmers, band lange etwas daran auf oder zu, sah schließlich den Ganter an und sagte: »Iwan Iwanytsch, darf ich bitten?«

Der Ganter kam näher und stand erwartungsvoll still.

»Nun«, sagte der Unbekannte, »fangen wir ganz von vorne an. Vor allem verneige dich und mach deinen Kratzfuß! Munter, munter!«

Iwan Iwanytsch reckte den Hals, nickte nach rechts und nach links und schurrte mit der Pfote über den Fußboden hin.

»Ja, bravo ... Und nun stell dich tot!«

Der Ganter legte sich auf den Rücken und streckte die Beine in die Luft. Nachdem noch einige ähnliche, ziemlich einfache Kunststücke durchprobiert waren, griff sich der Unbekannte an den Kopf, machte ein entsetztes Gesicht und rief: »Zu Hilfe! Feuer! Es brennt!«

Iwan Iwanytsch eilte zum Galgen, nahm die Schnur in den Schnabel und läutete die Glocke.

Der Unbekannte war sehr zufrieden. Er streichelte dem Ganter den Hals und sagte: »Bravo, Iwan Iwanytsch! Und nun stell dir vor, du bist Juwelier und handelst mit Gold und Brillanten. Stell dir vor, du kommst in deinen Laden und triffst Diebe darin an. Wie würdest du dich in solchem Fall verhalten?«

Der Ganter griff mit dem Schnabel nach der anderen Schnur und zog daran, worauf sogleich ein ohrenbetäubender Schuß knallte. Kaschtanka hatte schon das Glockenläuten sehr gut gefallen, der Schuß aber versetzte sie in solche Begeisterung, daß sie den Galgen mehrmals umkreiste und bellte.

»Tjotka – Platz!« rief ihr der Unbekannte zu. »Kusch dich!«

Iwan Iwanytschs Arbeit war mit dem Schießen keineswegs getan. Der Unbekannte nahm ihn an die Leine und hetzte ihn noch eine volle Stunde im Kreise umher; er knallte dabei mit der Peitsche, und der Ganter mußte über eine Barriere oder durch einen Reifen springen, sich auf die Hinterbeine stellen, das heißt auf seinen Steiß stützen, und mit den Füßen winken. Kaschtanka wandte den Blick nicht von Iwan Iwanytsch, heulte vor lauter Begeisterung auf und stürzte unter lautem Bellen mehrmals hinter ihm her.

Nachdem der Unbekannte den Ganter und sich selbst genug herumgehetzt hatte, wischte er sich die schwitzende Stirn und rief: »Marja, ruf Chawronja Iwanowna herein!«

Nach einer Weile hörte man ein Grunzen... Kaschtanka knurrte und tat sehr mutig, zog sich jedoch für alle Fälle in die Nähe des Unbekannten zurück. Die Tür ging auf, eine alte Frau sah ins Zimmer, sagte etwas und ließ ein schwarzes, sehr häßliches Schwein herein. Ohne von Kaschtankas Knurren die geringste Notiz zu nehmen, hob das Schwein die platte Schnauze und grunzte fröhlich los. Offenbar war es sehr erfreut, seinen Herrn, den Kater und Iwan Iwanytsch wiederzusehen. Es trat auf den Kater zu, stieß ihn mit seinem Rüssel leicht vor den Bauch und begann eine Unterhaltung mit dem Ganter; in seinen Bewegungen, seiner Stimme, dem Zittern seines Schwänzchens war viel Gutmütigkeit. Kaschtanka verstand sofort, daß solche Subjekte anzuknurren oder anzubellen sinnlos war.

Der Herr räumte den Galgen fort und rief: »Fjodor Timofejitsch, darf ich bitten?«

Der Kater erhob sich, streckte sich träge und trat lustlos, als täte er jemand einen Gefallen, auf das Schwein zu.

»Fangen wir mit der ägyptischen Pyramide an«, sagte der Herr.

Längere Zeit erläuterte er etwas, dann kommandierte er: »Eins... zwei... drei!« Bei »drei« schlug Iwan

Iwanytsch mit den Flügeln und sprang dem Schwein auf den Rücken. Nachdem er, mit Flügeln und Hals balancierend, auf dem borstigen Rücken Fuß gefaßt hatte, erklomm auch Fjodor Timofejitsch den Rücken des Schweins; er tat es träge und lässig, mit einer Miene, die zeigte, er finde seine Kunst verächtlich und keine Kopeke wert; dann kletterte er lustlos auf den Ganter und stellte sich auf die Hinterpfoten. Auf diese Weise kam zustande, was der Unbekannte »die ägyptische Pyramide« nannte. Kaschtanka jaulte vor Wonne, doch der alte Kater gähnte in diesem Augenblick und fiel vom Ganter herunter. Iwan Iwanytsch wankte und fiel gleichfalls herunter. Der Unbekannte zeterte, fuchtelte mit den Armen und machte sich aufs neue ans Erklären. Nachdem er sich eine volle Stunde mit der Pyramide abgemüht hatte, ging der unermüdliche Herr dazu über, Iwan Iwanytsch auf dem Kater reiten zu lehren, dem Kater das Rauchen beizubringen und so weiter.

Der Unterricht endete damit, daß sich der Unbekannte die schwitzende Stirn wischte und das Zimmer verließ; Fjodor Timofejitsch prustete verächtlich, legte sich auf die Matratze und schloß die Augen, Iwan Iwanytsch ging zu seinem Futtertrog, und das Schwein wurde von der Alten hinausgeführt. Dank der vielen neuen Eindrücke war der Tag für Kaschtanka unmerklich vergangen; und am Abend war sie bereits mit ihrer kleinen Matratze in dem Zimmer mit den schmutzigen Tapeten untergebracht und übernachtete in Gesellschaft Fjodor Timofejitschs und des Ganters.

Ein Talent! Ein Talent!

Ein Monat verging.

Kaschtanka hatte sich schon daran gewöhnt, daß man ihr jeden Abend ein schmackhaftes Mittagessen vorsetzte und sie Tjotka nannte. Auch an den Unbekannten und ihre neuen Lebensgefährten hatte sie sich gewöhnt. Das Leben lief wie am Schnürchen.

Alle Tage fingen auf die gleiche Weise an. Als erster erwachte gewöhnlich Iwan Iwanytsch, watschelte sogleich auf Tjotka oder den Kater zu, bog den Hals und begann leidenschaftlich und überzeugend, aber nach wie vor unverständlich zu reden. Gelegentlich stieß er den Kopf hoch in die Luft und brachte einen langen Monolog hervor. In den ersten Tagen ihrer Bekanntschaft hatte Kaschtanka geglaubt, er spreche soviel, weil er sehr klug sei, aber nach einiger Zeit verlor sie alle Achtung vor ihm; wenn er mit seinen langen Reden auf sie zukam, wedelte sie nicht mehr mit dem Schwanz, sondern behandelte ihn als lästigen Schwätzer, der niemand schlafen läßt, und knurrte ihn ohne viel Federlesens an: »Rrrr...«

Fjodor Timofejitsch war da ganz anders. Wenn er erwachte, gab er keinen Ton von sich, rührte sich nicht und öffnete auch nicht die Augen. Am liebsten wäre er gar nicht aufgewacht, weil er das Leben, wie man merkte, nicht gerade schätzte. Nichts interessierte ihn, zu allem verhielt er sich schlaff und lässig, verachtete alles und fauchte nörglerisch, selbst wenn er sein wohlschmeckendes Mittagsmahl fraß.

Wenn Kaschtanka erwacht war, streifte sie in der Wohnung umher und beschnupperte die Ecken. Nur sie und der Kater durften sich in der ganzen Wohnung bewegen; der Ganter dagegen war nicht berechtigt, die Schwelle des Zimmers mit den schmutzigen Tapeten zu überschreiten; und Chawronja Iwanowna hauste in einem kleinen Verschlag irgendwo auf dem Hof und erschien nur zum Unterricht. Der Herr des Hauses wachte spät auf und machte sich, sobald er gefrühstückt hatte, an seine Kunststücke. Jeden Tag wurden der Galgen, die Peitsche, die Reifen ins Zimmer gebracht, und jeden Tag wurde beinahe dasselbe geübt. Das dauerte drei, vier Stunden, so daß Fjodor Timofejitsch gelegentlich vor Erschöpfung wankte wie ein Betrunkener, Iwan Iwanytsch den Schnabel aufsperrte und schwer atmete und der Hausherr einen roten Kopf bekam und sich in einem fort die schwitzende Stirn wischte.

Der Unterricht und das Mittagessen machten die Tage sehr interessant, während die Abende ein wenig langweilig verliefen. Der Herr fuhr abends gewöhnlich aus und nahm den Ganter und den Kater mit. Allein geblieben, streckte sich Tjotka auf ihre Matratze und überließ sich der Schwermut. Die Schwermut stahl sich unbemerkt heran und ergriff nach und nach von ihr Besitz – wie die Dunkelheit vom Zimmer. Es begann gewöhnlich damit, daß Kaschtanka jegliche Lust verlor, zu bellen, zu fressen, in den Zimmern umherzustreunen oder auch nur die Augen aufzumachen; dann tauchten in ihrer Phantasie zwei undeutliche Gestalten auf, vielleicht von Hunden, vielleicht auch von Menschen, mit sympathischen, lieben, doch unverständlichen Gesichtern; Tjotka wedelte bei ihrem Auftauchen mit dem Schwanz, und ihr schien, sie habe sie irgendwann schon gesehen und sehr liebgehabt. Wenn sie dann einschlief, spürte sie jedesmal, daß ein Geruch von Leim, Hobelspänen und Lack von ihnen ausging.

Eines Tages, als sie sich an ihr neues Leben schon völlig gewöhnt und sich aus einem mageren, knochigen Bastardhündchen in einen satten, gepflegten Hund verwandelt hatte, streichelte sie der Herr vor der Unterrichtsstunde und sagte: »Wird Zeit für uns, Tjotka, ans Werk zu gehen. Hast lange genug gefaulenzt. Ich will eine Artistin aus dir machen. Möchtest du eine Artistin werden?«

Und er lehrte sie allerlei Wissenswertes. In der ersten Stunde lernte sie auf den Hinterbeinen stehen und gehen, was ihr außerordentlich gefiel. In der zweiten mußte sie auf den Hinterbeinen hochschnellen und nach dem Zukker schnappen, den der Lehrer hoch über ihrem Kopf hielt. In den folgenden Stunden tanzte sie, lief an der Leine, heulte zu irgendwelcher Musik, läutete die Glokke und schoß; und einen Monat später konnte sie schon mit Erfolg für Fjodor Timofejitsch bei der ägyptischen Pyramide einspringen. Sie lernte sehr gern und war mit ihren Erfolgen zufrieden; mit hängender Zunge an der Leine zu laufen, durch Reifen zu springen und auf dem alten Fjodor Timofejitsch zu reiten bereitete ihr das größte Vergnügen. Bei jedem gelungenen Kunststück brach sie in lautes, begeistertes Bellen aus; der Lehrer staunte, geriet ebenfalls in Begeisterung und rieb sich die Hände.

»Ein Talent! Ein Talent!« sagte er. »Unzweifelhaft ein Talent! Du wirst bestimmt Erfolg haben!«

Und Tjotka gewöhnte sich so an das Wort »Talent«, daß sie jedesmal, wenn ihr Herr dieses Wort aussprach, hochfuhr und sich nach allen Seiten umsah, als hätte man sie beim Namen gerufen.

VI
Eine unruhige Nacht

Tjotka hatte einen Hundetraum – sie sah den Hausknecht mit einem Besen hinter ihr herjagen und wachte vor Angst auf.

Im Zimmer war es still, dunkel und äußerst stickig. Die Flöhe bissen. Tjotka hatte sich früher nie vor der Dunkelheit gefürchtet; jetzt wurde ihr aus irgendeinem Grunde unheimlich zumute, und sie wollte bellen. Im Zimmer nebenan ließ der Herr einen lauten Seufzer hören, eine Weile später grunzte in seinem Verschlag das Schwein, und alles war wieder still. Wenn man ans Essen denkt, wird einem wohler ums Herz; und Tjotka dachte daran, wie sie Fjodor Timofejitsch heute eine Hühnerpfote stibitzt und im Empfangszimmer zwischen Wand und Schrank versteckt hatte, wo sehr viel Staub und Spinngewebe waren. Es konnte nicht schaden, hinzugehen und nachzusehen, ob die Pfote noch da war. Es war durchaus möglich, daß der Herr sie gefunden und aufgegessen hatte. Doch vor dem Morgen durfte man nicht aus dem Zimmer – so wollte es die Hausordnung. Tjotka schloß die Augen, um möglichst bald wieder einzuschlafen; sie wußte aus Erfahrung – der Morgen kommt desto eher, je rascher man einschläft. Doch plötzlich erklang ganz in der Nähe ein seltsamer Schrei, der sie zusammenfahren und aufspringen ließ. Es war Iwan Iwanytsch, der geschrien hatte, und sein Schrei hatte nicht geschwätzig und überredend geklungen wie sonst, sondern irgendwie wild, durchdringend und unnatürlich, wie das Kreischen eines aufgehenden Tors. Tjotka, die bei der Dunkelheit nichts sehen konnte und nichts verstand, verspürte noch heftigere Angst und knurrte: »Rrrr...«

Es verging einige Zeit – so viel, wie man braucht, um einen guten Knochen abzunagen; der Schrei wiederholte sich nicht. Tjotka beruhigte sich allmählich und schlief ein. Sie träumte von zwei großen schwarzen Hunden mit Büscheln vom Vorjahresfell an Schenkeln und Flanken; sie fraßen gierig Abfälle aus einem großen Zuber, über dem weißer Dampf und ein sehr angenehmer Geruch aufstiegen; von Zeit zu Zeit blickten sie sich nach Tjotka um, fletschten die Zähne und knurrten: »Dir geben wir aber nichts ab!« Doch dann kam aus dem Haus plötzlich ein Mann mit einer Peitsche gelaufen und jagte sie davon; Tjotka ging an den Zuber und machte sich ans Fressen, kaum aber war der Mann hinter dem Tor verschwunden, stürzten beide schwarzen Hunde mit Geheul auf sie zu, und der durchdringende Schrei gellte aufs neue.

»K – che! K – che – che!« schrie Iwan Iwanytsch.

Tjotka erwachte, sprang auf und brach, ohne von der Matratze zu weichen, in heulendes Bellen aus. Ihr schien, nicht mehr Iwan Iwanytsch, sondern ein anderer, Fremder, schreie. Und aus irgendeinem Grunde grunzte in seinem Verschlag wieder das Schwein.

Aber dann hörte man das Schlurren von Pantoffeln, und der Herr des Hauses betrat, im Morgenrock, eine Kerze in der Hand, das Zimmer. Flackerndes Licht ergoß sich über die Zimmerdecke und die schmutzigen Tapeten und verscheuchte die Finsternis. Tjotka überzeugte sich, daß kein Fremder im Zimmer war. Iwan Iwanytsch saß auf dem Fußboden und war wach. Er spreizte die Flügel, sperrte den Schnabel auf und sah überhaupt sehr erschöpft und völlig verdurstet aus. Auch der alte Fjodor Timofejitsch schlief nicht. Vermutlich hatte auch ihn der Schrei geweckt.

»Iwan Iwanytsch, was hast du?« fragte der Herr den Ganter. »Weshalb schreist du? Bist du krank?«

Der Ganter schwieg. Der Herr tätschelte ihm den Hals, streichelte seinen Rücken und sagte: »Bist ein komischer Kauz. Schläfst selber nicht und läßt die anderen nicht schlafen.«

Als der Herr ging und das Licht mit hinausnahm, trat wieder Dunkelheit ein. Tjotka fürchtete sich. Der Ganter schrie nicht, ihr kam es jedoch wieder so vor, als stehe irgendein Fremder im Dunkeln. Am unheimlichsten war, daß man diesen Fremden nicht beißen konnte, weil er unsichtbar blieb und keine Gestalt hatte. Aus irgendeinem Grunde ahnte ihr, in dieser Nacht werde bestimmt etwas sehr Schlimmes geschehen. Auch Fjodor Timofejitsch war unruhig. Tjotka hörte, wie er sich auf der Matratze hin und her drehte, gähnte und mit dem Kopf schlenkerte.

Irgendwo auf der Straße klopfte es an ein Tor, und im Verschlag grunzte das Schwein. Tjotka wimmerte, streckte die Vorderpfoten aus und legte den Kopf darauf. Das Pochen ans Tor, das Grunzen des Schweins, das – unerfindlich warum – nicht schlief, die Dunkelheit und die Stille erschienen ihr traurig und unheilverkündend wie Iwan Iwanytschs Schrei. Alles war beunruhigt und erregt. Aber warum? Wer war der unsichtbare Fremde? Plötzlich tauchten zwei matte grüne Flämmchen neben Tjotka auf. Zum erstenmal seit ihrer Bekanntschaft kam Fjodor Timofejitsch zu ihr. Was wollte er? Tjotka leckte seine Pfote, fragte nicht, warum er kam, und brach in ein leises, winselndes Heulen aus.

»K – che!« schrie Iwan Iwanytsch. »K – che – che!«

Wieder öffnete sich die Tür und kam, die Kerze in der Hand, der Herr herein. Der Ganter saß in der gleichen Haltung da wie vorhin, mit aufgesperrtem Schnabel und gespreizten Flügeln. Seine Augen waren geschlossen.

»Iwan Iwanytsch!« rief ihn der Herr.

Der Ganter rührte sich nicht. Der Herr hockte auf dem Fußboden vor ihm nieder, sah ihn eine Weile schweigend an und sagte: »Iwan Iwanytsch! Was soll denn das? Stirbst du vielleicht? Ach, jetzt weiß ich!« rief er aus und griff sich an den Kopf. »Ich weiß, woher das kommt! Dich hat doch heute das Pferd getreten! Mein Gott, mein Gott!«

Tjotka verstand nicht, was der Herr sagte, sah jedoch an seinem Gesicht, daß auch er auf etwas Furchtbares wartete. Sie streckte die Schnauze zum dunklen Fenster hinaus, durch das, wie ihr schien, irgendwer Fremdes hereinsah, und heulte.

»Er stirbt, Tjotka!« sagte der Herr und rang die Hände. »Ja, ja doch, er stirbt! In euer Zimmer ist der Tod gekommen. Was fangen wir nur an?«

Blaß und erregt kehrte der Herr unter Seufzern und vielem Kopfschütteln in sein Schlafzimmer zurück. Tjotka graulte sich, im Dunkeln allein zu bleiben, und folgte ihm. Er setzte sich auf sein Bett und wiederholte einigemale: »Mein Gott, was fang ich denn an?«

Tjotka strich um seine Beine herum, begriff nicht, warum sie so traurig war und warum sich alle so beunruhigten, und verfolgte, bemüht, es zu verstehen, jede seiner Bewegungen. Auch Fjodor Timofejitsch, der nur selten seine Matratze verließ, kam in das Schlafzimmer des Herrn und rieb sich an seinen Füßen. Er schlenkerte mit dem Kopf, als wolle er bedrückende Gedanken abschütteln, und lugte mißtrauisch unter das Bett.

Der Herr nahm eine Untertasse, goß aus dem Waschbecken Wasser darauf und ging wieder zum Ganter.

»Trink, Iwan Iwanytsch!« sagte er liebevoll und stellte die Untertasse vor ihn hin. »Trink, mein Bester!«

Aber Iwan Iwanytsch rührte sich nicht und öffnete auch nicht die Augen. Der Herr drückte ihm den Kopf auf die Untertasse und tauchte den Schnabel ins Wasser, aber der Ganter trank nicht und spreizte die Flügel noch weiter ab; sein Kopf blieb auf der Untertasse liegen.

»Nein, da ist nichts mehr zu machen!« seufzte der Herr. »Aus! Mit Iwan Iwanytsch ist es vorbei!«

An seinen Wangen krochen blitzende Tröpfchen hinunter, wie man sie sonst bei Regenwetter an den Fensterscheiben sieht. Ohne zu begreifen, worum es sich handelte, schmiegten sich Tjotka und Fjodor Timofejitsch an ihren Herrn und blickten voller Schrecken auf den Ganter.

»Armer Iwan Iwanytsch!« sagte mit einem betrübten Seufzer der Herr. »Und ich habe davon geträumt, dich in die Sommerfrische mitzunehmen und auf der grünen Wiese mit dir spazierenzugehen! Dich, liebe Kreatur und guter Gefährte, gibt es nicht mehr. Wie soll ich ohne dich auskommen.«

Tjotka hatte das Gefühl, auch ihr stehe das gleiche bevor – sie werde, unerfindlich warum, die Augen schließen, die Beine ausstrecken und den Mund aufsperren; alle würden sie entsetzt anstarren. Die gleichen Gedanken drehten sich offenbar auch in Fjodor Timofejitschs Kopf. Noch nie war der alte Kater so düster und verdrießlich gewesen.

Es dämmerte bereits, und der unsichtbare Fremde, der Tjotka erschreckt hatte, war nicht mehr da. Als es im Zimmer ganz hell war, kam der Hausknecht, ergriff den

Ganter an den Pfoten und trug ihn weg. Und eine kleine Weile später erschien die Alte und schaffte auch den Futtertrog hinaus.

Tjotka ging ins Empfangszimmer und sah hinter den Schrank – der Herr hatte die Hühnerpfote nicht aufgegessen, sie lag noch zwischen den Spinngeweben, im Staub an ihrem Platz. Doch Tjotka war traurig ums Herz, sie hätte am liebsten geweint. Sie schnupperte nicht einmal an der Pfote, zog sich unter das Sofa zurück, setzte sich nieder und wimmerte leise, mit dünner Stimme...

Pablo Picasso: Zirkushund

VII
Das mißglückte Debüt

Eines schönen Abends betrat der Herr das Zimmer mit den schmutzigen Tapeten, rieb sich die Hände und sagte: »Nun . . .«

Er wollte noch etwas hinzufügen, unterließ es jedoch und ging wieder hinaus. Tjotka, die sein Gesicht und seinen Tonfall während des Unterrichts genau beobachtet hatte, erriet, daß er erregt, besorgt und wohl auch ärgerlich war.

Einige Zeit später kehrte er zurück und sagte: »Heute nehme ich Tjotka und Fjodor Timofejitsch mit. Du wirst bei der ägyptischen Pyramide den verstorbenen Iwan Iwanytsch ersetzen, Tjotka. Hol alles der Teufel! Nichts ist fertig, nichts richtig gelernt, es waren zuwenig Proben! Wir werden uns blamieren, werden durchfallen!«

Dann ging er wieder hinaus und kehrte kurz darauf in Pelz und Zylinder zurück. Er trat auf den Kater zu, ergriff ihn an den Vorderpfoten, hob ihn hoch und verbarg ihn an seiner Brust unter dem Pelz. Fjodor Timofejitsch ließ das völlig gleichgültig, er nahm sich nicht einmal die Mühe, die Augen zu öffnen. Ihm war es offenbar einerlei, ob er lag oder an seinen Pfoten hochgehoben wurde, ob er auf der Matratze oder unter dem Pelz an der Brust seines Herrn ruhte . . .

»Tjotka, komm«, sagte der Herr.

Tjotka, die nichts verstand, wedelte nur mit dem Schwanz und folgte ihm. Gleich darauf saß sie bereits im Schlitten zu seinen Füßen und hörte, wie er, vor Kälte und Aufregung zitternd, murmelte: »Wir werden uns blamieren! Wir werden durchfallen!«

Der Schlitten hielt vor einem großen sonderbaren

Haus, das einer umgekippten Suppenterrine ähnelte. Der breite Eingang mit seinen drei Glastüren war durch ein Dutzend heller Laternen erleuchtet. Die Türen gingen klirrend auf und zu und schluckten – wie Mäuler – die Menschen ein, die vor dem Eingang hin und her liefen. Es waren viele Menschen, auch Pferde kamen häufig zum Eingang gelaufen, doch Hunde waren nicht zu sehen.

Der Herr nahm Tjotka auf die Arme und schob sie unter den Pelz an seine Brust, wo sich schon Fjodor Timofejitsch befand. Hier war es dunkel und stickig, aber warm. Für einen Augenblick glommen zwei matte grüne Fünkchen auf – der Kater war durch die kalten, rauhen Pfoten der Nachbarin erschreckt worden und hatte die Augen geöffnet. Tjotka leckte ihm rasch das Ohr, wollte sich möglichst bequem zurechtsetzen und wandte sich unruhig hin und her; dabei drückte sie den Kater mit ihren kalten Pfoten unter sich und steckte versehentlich den Kopf unter dem Pelz hervor, gab aber sofort ein böses Knurren von sich und zog sich schnell unter den Pelz zurück. Sie glaubte ein riesiges, schlecht beleuchtetes Zimmer gesehen zu haben, das voller Ungeheuer war; hinter Zwischenwänden und Gittern, die sich zu beiden Seiten hinzogen, sahen schreckenerregende Fratzen hervor – von Pferden, von Tieren mit Hörnern oder langen Ohren; auch eine dicke, riesige Fratze mit einem Schwanz anstelle der Nase und mit zwei langen abgenagten Knochen, die aus dem Maul hervorragten, war darunter.

Der Kater begann unter Tjotkas Pfoten heiser zu miauen, aber in diesem Augenblick schlug der Pelz auseinander, der Herr sagte: »Hopp!«, und Fjodor Timofejitsch und Tjotka sprangen auf den Fußboden. Sie befanden sich in einem kleinen Zimmer mit grauen Bretterwänden; es gab hier außer einem kleinen Tisch mit Spiegel, einem Hocker und allerlei Lumpen, die in den Ecken herumhingen, keinerlei andere Ausstattung; statt einer Lampe oder Kerze brannte ein helles fächerartiges Flämmchen, das an ein Röhrchen angemacht war – das Röhrchen kam aus der Wand. Fjodor Timofejitsch beleckte seinen von Tjotka zerdrückten Pelz, begab sich unter den Hocker und legte sich hin. Der Herr, der immer noch aufgeregt war und sich die Hände rieb, begann sich auszuziehen ... Er zog sich so weit aus, wie er zu Hause zu tun pflegte, bevor er sich unter der Flanelldecke ausstreckte; das heißt, er legte alles ab außer der Wäsche, setzte sich auf den Hocker, blickte in den Spiegel und nahm allerlei Erstaunliches an sich vor. Vor allem zog er eine Perücke mit Scheitel und zwei Haarwirbeln, die an Hörner erinnerten, über den Kopf, danach bestrich er das Gesicht dick mit etwas Weißem und malte Augenbrauen, Schnurrbart und rote Bäckchen hinein. Damit war er mit seinen Einfällen indessen nicht am Ende. Nachdem er Gesicht und Hals beschmiert hatte, legte er einen ungewöhnlichen, völlig widersinnigen Anzug an, wie Tjotka ihn weder in Häusern noch auf der Straße je gesehen hatte. Stellen Sie sich unwahrscheinlich weite Hosen aus großgeblümtem Kattun vor, wie er in kleinbürgerlichen Häusern zu Vorhängen oder als Möbelbezug verwendet wird, Hosen, die bis an die Achseln reichen; das eine Hosenbein hat einen braunen, das andere einen hellgelben Grund. Nachdem der Herr in diesen Hosen fast völlig verschwunden war, zog er noch ein Kattunjäckchen mit großem ausgezacktem Kragen und einem goldenen Stern auf dem Rücken, braune Socken und grüne Schuhe an ...

Tjotka flimmerte es vor den Augen und in der Seele. Von der sackartigen Gestalt mit dem weißen Gesicht roch es zwar nach dem Herrn, und auch die Stimme war die seine, doch es gab Augenblicke, da Tjotka, von Zweifeln gequält, am liebsten gebellt und vor der bunten Gestalt Reißaus genommen hätte. Die neue Umgebung, das fächerartige Flämmchen, der Geruch, die Metamorphose, die mit dem Herrn vor sich gegangen war – alles das flößte ihr undeutliche Furcht und das Vorgefühl ein, ihr werde ganz bestimmt etwas Entsetzliches begegnen – in der Art der dicken Fratze mit dem Schwanz anstelle der Nase. Und dazu spielte auch noch irgendwo hinter der Wand die ihr so verhaßte Musik und brach von Zeit zu Zeit in ein unverständliches Brüllen aus. Nur eins beruhigte sie – Fjodor Timofejitschs Unerschütterlichkeit. Er döste seelenruhig unter dem Hocker und öffnete die Augen nicht einmal, wenn der Hocker gerückt wurde.

Ein Mann in Frack und weißer Weste sah in das Zimmer herein und sagte: »Im Augenblick läuft der Auftritt Miß Arabellas. Danach kommen Sie.«

Der Herr gab keine Antwort. Er zog einen kleinen Koffer unter dem Tisch hervor, setzte sich und wartete. An seinen Lippen und Händen merkte man, daß er aufgeregt war, und Tjotka hörte, wie unruhig sein Atem ging.

»Mister George, bitte!« rief jemand hinter der Tür.

Der Herr erhob sich, bekreuzigte sich dreimal, holte den Kater unter dem Hocker hervor und steckte ihn in den Koffer.

»Komm her, Tjotka!« sagte er leise.

Tjotka, die nicht das geringste verstand, näherte sich seinen ausgestreckten Händen; er küßte sie auf den Kopf und legte sie neben Fjodor Timofejitsch in den Koffer. Danach trat Dunkelheit ein ... Tjotka trampelte auf dem Kater herum, kratzte an den Kofferwänden und konnte vor lauter Angst keinen Ton hervorbringen; der Koffer schaukelte wie auf Wellen und bebte.

»Da bin ich!« rief der Herr laut. »Da bin ich!«

Tjotka fühlte, daß der Koffer nach diesem Ruf auf etwas Festes stieß und nicht mehr schaukelte. Ein lautes und dumpfes Brüllen erklang; man hörte, daß jemand geklatscht wurde, und dieser jemand, wahrscheinlich die Fratze mit dem Schwanz anstelle der Nase, brüllte und lachte so laut, daß die Kofferschlösser klirrten. Der Herr beantwortete das Brüllen mit einem durchdringenden, kreischenden Lachen – so lachte er zu Hause nie.

»Ha!« rief er aus, bemüht, das Brüllen zu übertönen. »Verehrtes Publikum! Ich komme soeben vom Bahnhof. Meine Großmama hat ins Gras gebissen und mir eine Erbschaft hinterlassen. Im Koffer ist etwas sehr Schweres – offenbar Gold ... Haa! Plötzlich ist es eine Million! Machen wir gleich mal auf und sehen nach ...«

Das Kofferschloß knackte. Grelles Licht stach Tjotka in die Augen; sie sprang aus dem Koffer, jagte, betäubt von dem Brüllen, so rasch sie die Beine trugen, immer um ihren Herrn herum und brach in lautes Bellen aus.

»Ha!« rief der Herr. »Onkelchen Fjodor Timofejitsch! Teuerstes Tantchen! Hol euch der Teufel, ihr lieben Verwandten!«

Er fiel mit dem Bauch in den Sand, ergriff den Kater und Tjotka und schloß sie in seine Arme. Während er sie drückte, sah sich Tjotka rasch in der Welt um, in die sie das Schicksal verschlagen hatte, und war von ihrer Großartigkeit so verblüfft, daß sie vor Staunen und Begeisterung für einen Augenblick erstarrte, sich dann aber aus der Umarmung des Herrn losriß und, überwältigt von dem Eindruck, sich wie ein Kreisel auf der Stelle drehte. Die neue Welt war groß und voll hellen Lichts; wo man auch hinblickte, überall, vom Fußboden bis zur Decke, sah man Gesichter, Gesichter, Gesichter, und weiter nichts.

»Tjotuschka, bitte nehmen Sie Platz!« rief der Herr.

Tjotka, die nicht vergessen hatte, was das bedeutete, sprang auf einen Stuhl und setzte sich. Sie sah den Herrn an. Seine Augen blickten ernst und freundlich wie immer, doch sein Gesicht, besonders der Mund und die Zähne, entstellte ein breites unbewegliches Lächeln. Er lachte, sprang umher, verzog die Schultern und tat, als sei ihm in Gegenwart dieser Tausende von Gesichtern sehr fröhlich zumute. Tjotka glaubte ihm diese Fröhlichkeit, fühlte plötzlich mit ihrem ganzen Körper, daß diese Tausende von Gesichtern sie ansahen, hob ihre Fuchsschnauze in die Luft und brach in freudiges Heulen aus.

»Sitzen Sie ein bißchen still, Tjotuschka«, sagte der Herr zu ihr; »Onkelchen und ich wollen eine Kamarinskaja tanzen.«

Fjodor Timofejitsch, der darauf wartete, daß man ihn nötigen werde, Albernheiten zu machen, stand da und blickte sich gleichgültig nach allen Seiten um. Er tanzte schlaff, nachlässig, finster, und man sah an seinen Bewegungen, dem Schwanz und dem Schnurrbart, daß er die Menge, das grelle Licht, den Herrn und sich selbst aufs tiefste verachtete ... Nachdem er seine Pflicht getan hatte, gähnte er und setzte sich.

»Nun, Tjotuschka«, sagte der Herr, »wir beiden wollen zuerst etwas singen und dann tanzen. Ist's recht?«

Er zog ein Pfeifchen aus der Tasche und spielte darauf. Tjotka, die keine Musik vertrug, rutschte unruhig auf ihrem Stuhl hin und her und brach in Heulen aus. Von allen Seiten hörte man Brüllen und Beifallklatschen. Der Herr verneigte sich und spielte, als alles verstummt war, weiter ... Während er gerade zu einem sehr hohen Ton ansetzte, hörte man irgendwo oben, im Publikum ein lautes: »Ach!«

»Vater!« rief eine Kinderstimme. »Aber das ist doch Kaschtanka!«

»Tatsächlich – Kaschtanka!« bestätigte mit zittrigem dünnem Tenor ein Betrunkener. »Fedjuschka, strafe mich Gott, wenn das nicht Kaschtanka ist! Fuit!«

Auf der Galerie pfiff jemand, und zwei Stimmen – die eines Kindes und die eines Mannes – riefen laut: »Kaschtanka! Kaschtanka!«

Tjotka zuckte zusammen und sah dorthin, woher man rief. Zwei Gesichter stachen ihr in die Augen wie vorher das grelle Licht – das behaarte, grinsende eines Betrunkenen und ein rotbackiges, rundes, erschrockenes Kindergesicht... Sie erinnerte sich, fiel vom Stuhl und zappelte im Sand; dann sprang sie auf und stürzte mit freudigem Gewinsel auf die Gesichter zu. Ein ohrenbetäubendes Brüllen erklang, in das sich zahllose Pfiffe und eine durchdringende Kinderstimme mischten.

Die Stimme rief: »Kaschtanka! Kaschtanka!«

Tjotka sprang über die Barriere, dann über irgendwessen Schulter und befand sich plötzlich in einer Loge; um in den nächsten Rang zu gelangen, mußte sie eine hohe Wand überspringen; Tjotka sprang, aber nicht hoch genug und rutschte an der Wand entlang hinunter. Da gab man sie von Hand zu Hand weiter, sie leckte Finger und Gesichter, gelangte immer höher und höher und erreichte schließlich die Galerie.

Eine halbe Stunde später ging Kaschtanka auf der Straße hinter den Leuten her, die nach Leim und Lack rochen. Luka Alexandrytsch, der etwas wankte, war instinktiv bemüht, dem Graben nicht allzu nahe zu kommen – er hatte da seine Erfahrungen.

»Im Abgrund der Sünde wälze ich mich in meinem Fleische...« murmelte er. »Und du, Kaschtanka, bist ein Mißverständnis. Im Vergleich zum Menschen bist du dasselbe, was der Zimmermann im Verhältnis zum Tischler ist.«

Neben ihm schritt Fedjuschka einher, eine Mütze vom Vater auf dem Kopf. Kaschtanka blickte auf ihre Rücken, und ihr schien, sie gehe schon lange hinter ihnen her und freue sich darüber, daß dieses Leben keinen Augenblick unterbrochen gewesen war.

Ihr fielen das kleine Zimmer mit den schmutzigen Tapeten, der Ganter, Fjodor Timofejitsch, das schmackhafte Essen, der Unterricht und der Zirkus ein, aber all das erschien ihr jetzt wie ein langer, verworrener, schwerer Traum...

ALEKSANDAR TIŠMA

Störfaktor vor dem Dulag

Das Dulag (Durchgangslager) für die jüdischen Deportierten aus Novi Sad und seiner Umgebung wurde in der städtischen Synagoge errichtet – es kostete die ungarischen Behörden nicht viel Phantasie, um sich für diese Lösung zu entscheiden. Das gewaltige, für den Empfang der ganzen Gemeinde vorgesehene Bauwerk mußte jetzt zwar zusätzlich die aus den Dörfern hergetriebenen Gläubigen aufnehmen, aber da diese durch Abkommandierung der Jüngeren zur Zwangsarbeit sowie Verhaftungen und Razzien ebenfalls dezimiert waren, erwies sich der Raum dennoch als ausreichend.

Den Deportierten wurde in der Reihenfolge ihres Eintreffens das Tor im eisernen Zaun geöffnet – das jetzt normalerweise verschlossen und bewacht war –, und dann wurden sie in den Tempel getrieben, um auf den harten Holzbänken oder – nachdem sich diese gefüllt hatten – auf dem Steinfußboden Platz für sich und das mitgeführte Gepäck zu suchen. Es war Ende April (1944), das Wetter frühlingshaft mild und sonnig; die Juden trugen noch ihre beste, strapazierfähigste Kleidung und in den Rucksäcken und Taschen sorgfältig ausgewählte, nahrhafte Lebensmittel; Wasser zum Trinken und Waschen bekamen sie aus der Küche des Synagogendieners, oder sie löschten ihren Durst, wenn sie unter Bewachung die Toilette aufsuchten, so daß sie während dieser drei Tage und drei Nächte ihres Aufenthalts in der Synagoge – bis zum Abmarsch zur Bahnstation und der Verladung in den Zug nach Auschwitz – mit dem Nötigsten versorgt waren. Alle wußten längst, daß sie – Deportierte wie Bewacher – abtransportiert werden sollten, und so dienten diese drei Tage, die letzten auf dem Boden, den sie als den ihren betrachtet hatten und von dem sie als die seinigen angenommen worden waren, den einen wie den anderen als Atempause. Eine für die einen mit bösen Ahnungen und für die anderen mit Erleichterung erfüllte Atempause, die sie jedoch durch den gemeinsamen Nenner des Zeitweiligen verband, fast harmonisch, fast freundlich, was sich in der beiderseitigen Achtung bestehender Vorschriften und Befugnisse spiegelte. Die Juden verharrten geduldig im Innern des Tempels, die Wächter versahen ihren Dienst ohne Ausschreitungen und zeigten Strenge nur nach außen, zur Straße, wenn sie die Neugierigen, die stehenblieben und gafften – einmal mischte sich unter sie bedrückt auch der durch seine Ehe gerettete Blam – auseinandertrieben.

Ein Störfaktor in dieser ansonsten einträchtigen Wartezeit kam nicht aus der Menschen-, sondern aus der Tierwelt in Gestalt von Hunden, die zusammen mit den Deportierten oder hinter ihnen hertrabend vor der Synagoge eintrafen und, da weder ihre Besitzer noch die Wächter sie durch das Tor ließen, auf der Straße zurückblieben. Es waren nicht viele, höchstens fünf oder sechs, denn die Hundebesitzer hatten dafür gesorgt, ihre Lieblinge und Hauswächter vor dem Aufbruch nichtjüdischen Bekannten zu schenken oder zur Betreuung zu übergeben oder sie wenigstens irgendwo verschwinden zu lassen; aber diese paar Hunde hatten dennoch die Kette der Verschwörung zerrissen und beharrten in ihrer Begriffsstutzigkeit und tierischen Vertrauensseligkeit darauf, sich so nahe wie möglich bei denjenigen aufzuhalten, denen sie noch zu gehören meinten. Das war eine schmerzliche Überraschung sowohl für die Juden, die sich auf dem Weg zur Toilette oder zum Wasserholen fast verstecken mußten, voller Angst, von ihnen erkannt, durch ihre Liebesbezeigungen und Annäherungsversuche zum nochmaligen Abschied von der Welt gezwungen zu werden, von der sie sich bereits unter Qualen getrennt hatten, als auch für die Wächter, denn die Hunde krochen ihnen um die Füße und lauerten auf einen Moment der Unaufmerksamkeit, um in den verbotenen Bereich zu schlüpfen. Die Wächter scheuchten sie darum mit Rufen, Flüchen, ja auch Fußtritten und Kolbenhieben vom Tor weg, doch diese Fron verletzte ihren Stolz und machte sie wütend. Die Hunde wiederum blieben trotz des Anschreiens und der Schläge beharrlich auf den Geh-

wegen um die Synagoge, hockten in von ihrer Angst dik-
tiertem Abstand an einer Hauswand oder spazierten auf
und ab, beobachteten das Tor, hinter dem ihre Besitzer
verschwunden waren, spitzten die Ohren und reckten
den Hals bei jedem Geräusch, das von dort kam. Am
zweiten und dritten Tag trollten sich einige, vom Hunger
getrieben, zum nahe gelegenen Markt oder folgten einem
Einkaufsnetz, aus dem es verführerisch nach Fleisch
roch, aber sobald sie ihren Hunger gestillt hatten und ihrer Selbsttäuschung innegeworden waren, kamen sie erhobenen Kopfes zurückgetrabt, voller Angst, sie hätten
den Augenblick versäumt, sich den Ihrigen anzuschlie-
ßen, und machten erst kurz vor dem Tor halt, im Schutze
einer Mauer oder hinter einem Baum.

So erlebten sie dennoch ein Wiedersehen mit ihren
Herren. Als im Morgengrauen des vierten Tages die Kolonne vor der Synagoge antrat, stürmten sie herbei, und
bald war die Judengasse von fröhlichem Gebell und ein-
schmeichelndem Winseln erfüllt. Die Menschen in der
Kolonne wehrten sich, zügelten die Kinder, die den
überglücklichen Tieren am liebsten um den Hals gefallen
wären, die Soldaten fluchten, doch alles vergeblich. Auf
die Hunde zu schießen, war unmöglich – obwohl auch
solche Vorschläge gemacht wurden –, denn man hatte
den Aufbruch zum Bahnhof in die Nacht verlegt, um
Aufsehen zu vermeiden. Es blieb nur übrig, die Kolonne, gleich nachdem sie angetreten war, in Marsch zu
setzen.

Während der Wartezeit vor dem Verladen auf dem
Bahnhof hatten die Hunde noch einen schönen Augen-
blick: sie stießen ihre Schnauzen gegen die Körper ihrer
Herren und bekamen ein paar aufgesparte Happen.
Dann blieben sie allein zwischen den Schienen. Ein Weil-

chen liefen sie dem Zug nach, dann gaben sie auf, weil sie den vertrauten Geruch nicht mehr witterten. Sie sahen verwundert auf die Felder und Gräben, zwischen die sie geraten waren, kühlten ihre langen, roten, heraushängenden Zungen und trollten sich einer nach dem anderen in Richtung Stadt.

Miniatur aus dem Codex Manesse

Der Schoßhund

MARTIAL

Das herzige Hunderl

Issa, schelmischer als Catullus' Sperling,
Issa, reiner als Täubchen küssend schnäbeln,
Issa, zärtlicher selbst als alle Mägdlein,
Issa, kostbarer als Orientjuwelen,
Issa ist des Publius Lieblingshündchen.
Weint sie, möchte man glauben, daß sie redet;
sie bemerkt, ob er traurig oder froh ist,
und sie schläft, sich an Herrchens Hals anschmiegend
so, daß ihr Atemholen nicht zu hören.
Doch so sehr auch ihr Bäuchlein sie bedränget,
nie hat nur ein Tröpfchen befleckt die Decke,
sondern kratzend, mit sanftem Pfötchen, bittet
sie, daß man sie herabhebt und hinausläßt.
Ja, so züchtig und keusch ist dieses Hündchen,
daß sie Liebe verschmäht, und keinen Gatten
findet man, der der Jungfer würdig wäre.
Um sie einstmals nicht gänzlich zu verlieren,
hat sie Publius porträtieren lassen.
Auf dem Bild wirst du Issa ähnlich sehen,
so, wie selber sie sich kaum ähneln könnte.
Setze Issa neben dem Bilde nieder,
und du glaubst entweder, daß beide echt sind
oder daß alle beide nur gemalt sind.

Petitcrü

Nachdem Tristan, Isoldes Gefährte,
sie in Caerleon
ans Ufer getragen
und ihre Bitte erfüllt hatte,
reiste er sogleich
von England nach Swales
zum Herzog Gilan.
Der war noch unverheiratet,
jung und mächtig,
frei und lebenslustig.
Dem war er sehr willkommen.
Gilan hatte vorher schon gehört
von Tristans kühnen Taten
und seinen einzigartigen Erfolgen.
Er war überaus
bedacht auf sein Ansehen,
seine Freude und sein Vergnügen.
Bei allem, wovon er glaubte,
es könnte ihn erfreuen,
war er sehr eifrig
und bemühte sich emsig darum.
Jedoch der trauernde Tristan
war stets
in Gedanken versunken,
in Grübeln und Brüten
über sein Schicksal.

Eines Tages ergab es sich,
daß Tristan bei Gilan saß
mit trüben Gedanken
und unwillkürlich aufseufzte.
Das bemerkte Gilan.
Er befahl, man solle ihm bringen
sein Hündchen Petitcrü,
seine Herzensfreude aus Avalon
und das Glück seiner Augen.
Was er befahl, wurde getan.
Ein vornehmes, kostbares Purpurtuch,
fremdartig und seltsam,
in der Größe zum Tisch passend,
wurde vor ihm auf den Tisch gelegt
und ein Hündchen darauf gesetzt.
Das war bezaubernd, wie ich höre,
und dem Herzog geschickt worden
aus Avalon, dem Feenreich,
von einer Göttin
aus Zuneigung und Liebe.
Es war mit solcher Kunstfertigkeit
ausgestattet
in Farbe und Zauberkraft,
daß eine Zunge niemals so beredt
und ein Herz nie so klug war,
daß es seine Schönheit und sein Wesen hätte
beschreiben und erzählen können.
Seine Farbe ging ineinander über
auf so fremdartig-kunstvolle Weise,
daß niemand richtig wußte,
welche Farbe es denn nun hatte.
Sein Fell schimmerte verschiedenfarbig.
Wenn man seine Brust ansah,

behauptete jeder nichts anderes, als daß
es weiß wie Schnee sei,
an den Lenden grüner als Klee,
eine Seite röter als Scharlach,
die andere gelber als Safran.
An der Unterseite war es tiefblau,
oben waren die Farben
so vollkommen vermischt,
daß keine von ihnen sich
in den Vordergrund drängte.
Es war nicht grün, nicht rot,
nicht weiß, nicht schwarz, nicht gelb, nicht blau,
und doch ein bißchen von allem,
ich meine richtig purpurglänzend.
Wenn man dieses seltsame Geschöpf aus Avalon
gegen den Haarstrich ansah,
war keiner klug genug,
seine Farbe zu erkennen.
Sie war so unterschiedlich
und unbestimmt
wie sonst keine Farbe.
Um seinen Hals hatte es
ein Kettchen aus Gold.
An dem hing eine Glocke,
die so lieblich und klar war,
daß, als sie klingelte,
der bekümmerte Tristan,
seiner Gedanken
an Sorge und Trauer
nicht achtend, dasaß,
und den Schmerz ganz vergaß,
der ihn Isoldes wegen bedrückte.
Das Glöckchen klang so lieblich,

daß niemand es hören konnte,
ohne daß es ihm raubte und zerstörte
seinen Kummer und sein ganzes Leid.

Tristan sah und hörte
das erstaunliche Wunder an.
Den Hund und das Glöckchen
besah und betrachtete er,
beachtete jedes für sich,
den Hund und sein seltsames Fell,
die Glocke und ihren lieblichen Klang.
Beides erstaunte ihn sehr,
und er hielt dabei
das Wunder dieses Hündchens
für viel erstaunlicher
als das des süßen Glockenklangs,
der in seinen Ohren sang
und ihm alle Trauer nahm.
Es erschien ihm wunderbar,
daß trotz scharfen Hinsehens
seine Augen getäuscht wurden
mit all diesen Farben
und daß er keine erkennen konnte,
so genau er sie auch anschaute.
Er griff vorsichtig hin
und streichelte es.
Tristan glaubte,
als er es anfaßte,
er fühle feine Seide,
so weich war es überall.
Es knurrte und bellte nicht,
zeigte keinen Unwillen,
so sehr man auch mit ihm scherzte.

Es aß und trank auch nichts,
wie man von ihm erzählt.
Als es fortgetragen worden war,
war Tristans Trauern und Klagen
wieder so stark wie vorher
und noch stärker insofern,
als er all seinen Scharfsinn,
über den er verfügte,
auf die Überlegung richtete,
durch welchen glücklichen Umstand
und welche Idee
er bekommen könnte
für seine Herrin, die Königin,
das Hündchen Petitcrü,
durch den ihr Liebesschmerz
vermindert würde.
Nun konnte er aber nicht sehen,
wie er das schaffen könnte
durch Bitten oder Schlauheit.
Denn er wußte genau,
daß Gilan es nicht weggegeben hätte,
– außer für sein eigenes Leben –
um nichts, das er gesehen hatte.
Diese Überlegungen und sein Kummer
lagen ihm immer auf der Seele,
aber er zeigte es nicht.

Wie uns die wahre Geschichte erzählt
über Tristans kühne Taten,
so lebte damals
in der Nähe von Swales
ein Riese,
der war überheblich und vermessen.

Er lebte am Flußufer
und hieß der zottige Urgan.
Diesem Riesen waren Gilan
und sein Land Swales untertan,
und sie mußten ihm Tribut zahlen,
damit er die Bevölkerung leben ließe
ohne Gefahr und Leid.
Damals wurde bei Hofe gemeldet,
Urgan, der Riese, sei gekommen
und hätte sich genommen,
was ihm als Zins zustand,
Rinder, Schafe und Schweine.
Die ließ er vor sich hertreiben.
Da erzählte Gilan
seinem Freunde Tristan,
wie dieser Zins
auf Gewalt und Bosheit
von Anfang an gegründet sei.
Tristan fragte: »Sagt mir, Herr,
wenn ich Euch davon befreien kann
und Euch in kurzer Zeit dazu verhelfe,
daß Ihr vom Zins erlöst seid
für den Rest Eures Lebens,
womit wollt Ihr mich dann belohnen?«
»Wahrlich, Herr«, antwortete Gilan,
»ich gebe Euch gerne, was ich besitze.«
Tristan fuhr fort:
»Herr, wenn Ihr mir das versprecht,
wie auch immer ich es erreiche,
will ich Euch wahrlich dazu verhelfen,
daß Ihr binnen kurzem
Urgan auf ewig loswerdet,
oder ich lasse mein Leben.«

»Ganz bestimmt, Herr, ich werde Euch geben,
wonach Ihr verlangt«, versprach Gilan,
»was immer Ihr wünscht, wird getan.«
Er gelobte es ihm in die Hand.
Sofort ließ man kommen Tristans
Pferd und seine Rüstung.
Dann bat er, man möge ihm zeigen,
wohin dieser Sohn des Teufels
mit seiner Beute gehen würde.
[...]

*Tristan stellt im Kampf mit dem Riesen einmal mehr
seine Tapferkeit unter Beweis. Mit der abgeschlagenen
Hand des getöteten Urgan als Beweis kehrt er zum Herzog zurück.*

Als Gilan und Tristan,
der glückliche Sieger,
wieder nach Hause kamen
und wieder aufnahmen
die Erzählungen über ihr Glück,
sagte der Wunder wirkende Tristan
alsbald zum Herzog:
»Herr Herzog, laßt Euch erinnern
an das Gelöbnis und das Versprechen,
wie wir es untereinander verabredet haben
und das Ihr mir geschworen habt.«
Gilan erwiderte: »Herr, das will ich
mit Freuden tun. Sagt mir,
was wollt Ihr, wonach verlangt Ihr?«
»Herr Gilan, ich möchte gern,
daß Ihr mir Petitcrü gebt.«

Gilan sagte jedoch: »Ich habe einen besseren
      Vorschlag.«
»Laßt ihn hören«, meinte Tristan.
»Laßt mir mein Hündchen
und nehmt meine schöne Schwester
und mit ihr die Hälfte meines Besitzes.«
»Nein, Herr Herzog Gilan,
erinnert Euch der Abmachung.
Denn alle Reiche und Länder
würde ich dafür nicht nehmen,
wenn ich die Wahl hätte.
Ich habe Urgan den Zottigen erschlagen
nur wegen Petitcrü.«
»Wirklich, Herr Tristan,
wenn Ihr lieber das hier wollt,
als was ich Euch vorgeschlagen habe,
dann löse ich mein Versprechen ein
und tue, was Euch lieb ist.
Ich will weder Falschheit noch List
hierbei gebrauchen.
Wie sehr es mich auch schmerzt,
was Ihr befehlt, soll geschehen.«
Damit ließ er das Hündchen
zu sich und zu Tristan bringen.
Er sagte: »Seht, Herr, ich will Euch sagen
und beschwören
bei meinem ewigen Leben,
daß ich nichts habe
und nichts so liebe
– außer meiner Ehre und meinem Leben –,
daß ich es Euch nicht lieber geben wollte
als meinen Hund Petitcrü.
Nun aber nehmt und behaltet ihn.

Gott gewähre Euch Freude an ihm.
Wahrhaftig, mit ihm habt Ihr mir genommen
das höchste Glück meiner Augen
und meines Herzens.«

Als Tristan das Hündchen
errungen hatte,
hätte er gewiß
Rom und alle Reiche,
alle Länder und Meere
im Vergleich dazu für wertlos gehalten.
Niemals war er so froh
wie da, außer mit Isolde.
Er zog ins Vertrauen
einen Spielmann aus Wales,
der geschickt war und klug.
Ihn unterwies er
in der passenden Weise,
wie er das Hündchen der Königin,
der schönen Isolde,
zu ihrem Vergnügen übergeben sollte.
Er versteckte es dem Waliser
klug in dessen Rotte.
Er schrieb Briefe und schickte sie ihr
und berichtete ihr, wie und wo
er es für sie errungen hatte.
Der Spielmann, wie es ihm aufgetragen
und gezeigt worden war,
machte sich so auf den Weg
und kam auf diese Weise nach Tintajol
zu König Markes Schloß,
ohne daß ihm unterwegs
irgend etwas zugestoßen wäre.

Er redete mit Brangäne
und übergab ihr die Briefe und den Hund.
Sie reichte beides an Isolde weiter.
Immer wieder betrachtete Isolde
insgesamt und im einzelnen
das erstaunliche Wunder,
das der kleine Hund darstellte.
[...]

Die Königin Isolde erzählte
ihrem Herrn von dem Hündchen,
ihre Mutter hätte es ihr geschickt,
die kluge Königin von Irland.
Sie ließ ihm anfertigen
aus kostbaren Materialien,
aus Geschmeide und Gold,
wie man es sich schöner nicht wünschen konnte,
ein entzückendes Häuschen,
und darin war ihm ausgebreitet
eine prächtige Seidendecke, auf der es ruhte.
So war es Tag und Nacht,
allein oder in Gesellschaft,
vor Isoldes Augen.
Sie gewöhnte sich an,
wo immer sie war, wohin immer sie ritt,
es nie aus dem Blick zu verlieren.
Immer führte oder trug man es mit,
wo sie es anschauen konnte.

Flush

Dir nur rühme man einst nach:
Dieser Hund hielt am Bett Wacht,
  Tage, Nächte, lange,
Wachte im verhangnen Raum,
Jenem sonnenlosen Graun,
  Eifrig um die Kranke.

Rosen in der Vase dort
Welkten rasch im Zimmer fort,
  Blieb kein Duft und Funkeln;
Dieser Hund nur harrte aus,
Wußte, ist kein Licht im Haus,
  Leuchtet Lieb' im Dunkeln.

Jean-Honoré Fragonard: Mädchen mit Hund

Das Schlafzimmer nach hinten

Der Sommer 1842 war, den Historikern zufolge, nicht viel anders als andere Sommer, doch für Flush war er dermaßen anders, daß er bezweifelt haben muß, ob die Welt noch dieselbe war. Es war ein in einem Schlafzimmer verbrachter Sommer; ein mit Miss Barrett verbrachter Sommer. Es war ein in London verbrachter Sommer, ein im Herzen der Zivilisation verbrachter. Zunächst sah er nichts als das Schlafzimmer und seine Möbel, doch das allein war erstaunlich genug. All die verschiedenartigen Gegenstände, die er dort erblickte, zu identifizieren, zu unterscheiden und beim richtigen Namen zu nennen, war verwirrend. Und er hatte sich noch kaum an die Tische, die Büsten, den Waschtisch gewöhnt – der Duft von Kölnisch Wasser berührte seine Nase immer noch unangenehm –, als einer jener seltenen Tage kam, die schön doch nicht windig, warm doch nicht drückend, trocken doch nicht staubig sind und an denen eine Kranke sich an die Luft begeben kann. Der Tag kam, da Miss Barrett getrost das gewaltige Abenteuer riskieren und mit ihrer Schwester einkaufen fahren konnte.

Die Kutsche wurde bestellt; Miss Barrett erhob sich von ihrem Sofa; verschleiert und vermummt, stieg sie die Treppe hinab. Flush begleitete sie selbstverständlich. Er sprang in die Kutsche neben sie. Auf ihren Schoß gelagert, erlebte er, wie ihm die Pracht Londons in seinem ganzen Prunk in die erstaunten Augen sprang. Sie fuhren die Oxford Street entlang. Er sah Häuser, die fast ganz aus Glas waren. Er sah Fenster, quer mit glitzernden

Bändern verziert; strotzend von schimmernden Hügeln in Rosa, Purpur, Gelb, Rosenrot. Die Kutsche hielt. Er betrat geheimnisvolle Arkaden, die von Wolken und Gespinsten farbiger Gaze verschleiert waren. Eine Million Düfte aus China, aus Arabien wehte ihren schwachen Weihrauch in die entlegensten Verästelungen seiner Sinne. Hurtig blitzten über Ladentische ellenweis schimmernde Seiden; dunkler, geruhsamer wogte der schwerere Bombasin. Scheren schnippelten; Münzen blinkten. Papier wurde gefaltet; Bindfaden geknüpft. Und bei den wippenden Federn, wehenden Bändern, ruckenden Pferden, gelben Livreen, vorbeiziehenden Gesichtern, hüpfenden, auf und ab tanzenden, schlief Flush, gesättigt von der Vielfalt seiner Sinneseindrücke, ein, döste, träumte und bekam gar nichts mehr mit, bis er aus der Kutsche gehoben wurde und die Tür der Wimpole Street sich wieder hinter ihm schloß.

Und am nächsten Tag, da das schöne Wetter anhielt, wagte Miss Barrett sich sogar zu einer noch kühneren Unternehmung hinaus – sie ließ sich in einem Krankenstuhl die Wimpole Street entlangfahren. Wieder begleitete Flush sie. Zum erstenmal hörte er seine Krallen auf den harten Pflastersteinen von London klicken. Zum erstenmal fiel das ganze Trommelfeuer einer Londoner Straße an einem heißen Sommertag über seine Nüstern her. Er roch die hinreißenden Gerüche, die aus dem Rinnstein aufsteigen; die bitteren Gerüche, die Eisengeländer zersetzen; die rauchigen, berauschenden Gerüche, die aus Kellergeschossen aufsteigen – Gerüche, die vielfältiger, verderbter, von heftigerer Gegensätzlichkeit und Zusammensetzung waren als alles, was er auf den Feldern bei Reading gerochen hatte; Gerüche, die weit jenseits der Reichweite der menschlichen Nase lagen; so daß er, während der Stuhl weiterfuhr, erstaunt stehenblieb; schnuppernd zu erkennen suchte, bis ihn ein Ruck an seinem Halsband weiterzerrte. Und zudem verwirrten ihn, als er so hinter Miss Barretts Stuhl die Wimpole Street entlangtrabte, die vorübergehenden menschlichen Körper. Unterröcke wischten an seinem Kopf entlang; Hosenbeine streiften seine Flanken; zuweilen sauste ein Rad einen Zoll von seiner Nase entfernt vorbei; der Wind des Verderbens heulte in seinen Ohren und fächelte die Fransen seiner Pfoten empor, als ein Lieferwagen vorbeifuhr. In seinem Entsetzen machte er einen Satz. Segensreicherweise zerrte die Leine an seinem Halsband; Miss Barrett hielt ihn kurz, sonst wäre er in sein Verderben gerast.

Endlich, jeder Nerv war aufs äußerste gespannt und jeder seiner Sinne sirrte, erreichte er Regent's Park. Und als er, nach jahrelanger Abwesenheit, wie ihm schien, dort wieder Gras, Blumen und Bäume erblickte, ertönte der alte Jagdruf der Felder in seinen Ohren, und er schoß los, um zu rennen, wie er auf den Feldern zu Hause gerannt war. Doch jetzt riß ein schweres Gewicht an seiner Kehle; er wurde auf die Schenkel zurückgeworfen. Waren denn das nicht Bäume und Gras? fragte er. Waren die denn nicht Signale der Freiheit? War er denn nicht jedesmal, wenn Miss Mitford sich zu ihrem Spaziergang aufmachte, so losgesprungen? Warum war er hier ein Gefangener? Er blieb stehen. Hier, so stellte er fest, drängten die Blumen sich weitaus dichter als zu Hause; sie standen, Pflanze bei Pflanze, steif auf kleinen Fleckchen Erde. Die Erdflecken waren durchschnitten von harten schwarzen Wegen. Männer mit schimmernden Zylindern marschierten ominös auf diesen Wegen auf und ab. Bei ihrem Anblick drängte er sich schaudernd dichter an den

Krankenstuhl. Dankbar akzeptierte er den Schutz der Leine. So hatte sich in seinem Hirn, schon ehe viele solcher Spaziergänge stattgefunden hatten, eine neue Vorstellung eingestellt. Indem er eins zum anderen fügte, war er zu einer Schlußfolgerung gelangt: Wo Blumenbeete sind, sind auch asphaltierte Wege; wo Blumenbeete und asphaltierte Wege sind, da sind auch Männer mit schimmernden Zylindern; wo Blumenbeete sind und asphaltierte Wege und Männer mit schimmernden Zylindern, da müssen Hunde an der Leine geführt werden. Obwohl er auch nicht ein einziges Wort des Schildes am Tor zu lesen vermochte, hatte er seine Lektion gelernt – im Regent's Park sind Hunde an der Leine zu führen.

Und zu dieser Grunderkenntnis, die aus den seltsamen Erfahrungen des Sommers 1842 entstanden war, trat alsbald eine andere; Hunde sind nicht gleich, sondern verschieden. In Three Mile Cross hatte sich Flush unterschiedslos unter die Wirtshausköter und die Greyhounds des Squire gemischt; er hatte keinen Unterschied zwischen dem Hund des Kesselflickers und sich selber gekannt. Tatsächlich spricht einiges dafür, daß die Mutter seines Kindes, wiewohl aus Höflichkeit als Spaniel bezeichnet, lediglich ein Mischling war, dessen Ohren mit seinem Schwanz nichts zu tun hatten. Die Hunde von London hingegen, so entdeckte Flush alsbald, sind streng in unterschiedliche Klassen unterteilt. Manche sind Leinenhunde; andere laufen frei herum. Manche fahren zum Luftschnappen in der Kutsche und trinken aus Purpurgefäßen; andere sind zerzaust und ohne Halsband und finden ihren Unterhalt in der Gosse. Hunde, so begann Flush folglich zu mutmaßen, sind unterschiedlich; manche sind hochgestellt, andere niedrig; und er wurde in seinen Mutmaßungen durch dies oder jenes Wort noch bestärkt, das er im Vorbeigehen mit den Hunden der Wimpole Street wechselte. »Hast du den Lumpenhund da gesehen? Nur ein Mischling! ... Donnerwetter, das ist mal ein feiner Spaniel. Einer aus der besten Züchtung von ganz Britannien ... Schade, daß seine Ohren nicht noch eine Spur lockiger sind ... Sieh dir mal den Schopf an!«

Aus solchen Äußerungen, aus dem beifälligen oder verächtlichen Unterton, mit dem sie gemacht wurden, am Briefkasten oder vor den Wirtshäusern, wo die Diener Wettips austauschten, erfuhr Flush, noch ehe der Sommer vorbei war, daß es unter Hunden keine Gleichheit gibt: manche Hunde sind hochgestellte Hunde; manche niedriggestellte. Was war er denn dann? Flush war kaum zu Hause angelangt, als er sich eingehend im Spiegel musterte. Dem Himmel sei Dank, er war ein Hund von Herkunft und Geburt! Sein Kopf war glatt; seine Augen standen zwar vor, traten jedoch nicht aus dem Kopf; seine Füße hatten Fransen; er war dem Cokker bester Abstammung in der Wimpole Street ebenbürtig. Er nahm wohlgefällig das Purpurgefäß zur Kenntnis, aus dem er trank – solcherart sind die Privilegien der Geburt; ruhig senkte er den Kopf, um sich die Leine am Halsband festmachen zu lassen – solcherart sind die Strafen. Als Miss Barrett ihn etwa zu dieser Zeit dabei beobachtete, wie er in den Spiegel starrte, gelangte sie zu einer falschen Schlußfolgerung. Er sei ein Philosoph, fand sie, der über den Unterschied zwischen Schein und Sein nachdachte. Im Gegenteil, er war ein Aristokrat, der seine Merkmale taxierte.

Die schönen Sommertage waren jedoch bald vorbei; die Herbstwinde begannen zu wehen; und Miss Barrett richtete sich auf ein Leben völliger Zurückgezogenheit in ihrem Schlafzimmer ein. Flushs Leben änderte sich ebenfalls. Seine Freilufterziehung wurde um die des Schlafzimmers ergänzt, und dies war, für einen Hund von Flushs Temperament, das Drastischste, das man sich nur denken konnte. Seine einzigen Ausgänge, und die waren kurz und eilig, fanden in Begleitung von Wilson, Miss Barretts Zofe, statt. Für den Rest des Tages behielt er seinen Platz auf dem Sofa zu Miss Barretts Füßen. Seinen natürlichen Regungen wurde ständig Gewalt angetan. Als im letzten Jahr in Berkshire die Herbstwinde geweht hatten, war er in wilden Luftsprüngen über die Stoppeln gerannt; als jetzt der Efeu gegen die Fensterscheibe klopfte, bat Miss Barrett Wilson, dafür zu sorgen, daß das Fenster gut geschlossen war. Als die Blätter der Feuerbohnen und der Kapuzinerkresse im Blumenkasten gelb wurden und abfielen, zog sie sich die Kaschmirstola enger um die Schultern. Als der Oktoberregen das Fenster peitschte, machte Wilson das Feuer an und häufte Kohlen auf. Der Herbst vertiefte sich zum Winter, und die ersten Nebel färbten die Luft gelb. Wilson und Flush vermochten sich kaum ihren Weg zum Briefkasten oder zur Apotheke zu ertasten. Wenn sie zurückkamen, war im Zimmer nichts zu erkennen als die bleichen Büsten, die matt auf den Kleiderschränken schimmerten; die Bauern und das Schloß auf dem Vorhang waren verschwunden; ausdrucksloses Gelb füllte die Scheibe. Flush hatte das Gefühl, daß er und Miss Barrett allein in einer mit Kissen ausgepolsterten und von Feuer erleuchteten Höhle lebten. Der Verkehr draußen dröhnte in gedämpftem Widerhall unablässig fort; ab und zu rief eine Stimme rauh, »Der Korbwarenflicker ist da«, die Straße hinunter; manchmal hörte man den leiernden Ton der Drehorgel, der näher kam und lauter wurde; sich entfernte und verklang. Doch keins dieser Geräusche bedeutete Freiheit oder Tätigkeit oder Bewegung. Der Wind und der Regen, die wilden Herbsttage und die kalten des Mittwinters bedeuteten für Flush alle gleichermaßen nichts als Wärme und Stille; das Anzünden der Lampen; das Zuziehen der Vorhänge und das Schüren des Feuers.

Anfangs war die Anspannung unerträglich. An einem windigen Herbsttag, wenn die Rebhühner sich wohl über die Stoppeln verteilten, konnte er nicht anders, als einfach im Zimmer herumzutanzen. Er meinte, das Geräusch von Gewehren herbeiwehen zu hören. Er mußte einfach mit gesträubtem Nackenhaar zur Tür rennen, wenn draußen ein Hund bellte. Und doch, wenn Miss Barrett ihn zurückrief, wenn sie ihm die Hand ans Halsband legte, konnte er nicht leugnen, daß ein anderes Gefühl, das dringlich war, widersprüchlich, unangenehm – er wußte nicht, wie er es nennen sollte oder weshalb er ihm gehorchte –, ihn zurückhielt. Er lag reglos zu ihren Füßen. Zu verzichten, die heftigsten Regungen seiner Natur zu beherrschen und zu unterdrücken – das war die wichtigste Lektion der Schlafzimmerschule, und sie war von einer so ungeheuerlichen Schwierigkeit, daß viele Schüler verglichen damit ihr Griechisch müheloser gelernt haben – viele Siege auf dem Schlachtfeld haben ihre Generale halb soviel Pein gekostet. Doch schließlich war die Lehrerin Miss Barrett. Zwischen ihnen, das empfand Flush im Lauf der Wochen in immer stärkerem Maße, bestand ein Band, eine unbequeme, doch aufregende enge Verbindung; wenn also seine Freude ihre Pein war, dann war seine Freude nicht länger Freude, sondern zu drei Vierteln Pein. Dies erwies sich jeden Tag aufs neue als wahr. Jemand öffnete die Tür und pfiff, daß er kommen solle. Warum sollte er nicht ausgehen? Er sehnte sich nach frischer Luft und Bewegung; seine Glieder waren vom Liegen auf dem Sofa verkrampft. Er hatte sich niemals gänzlich an den Duft von Kölnisch Wasser gewöhnen können. Doch nein – obwohl die Tür offenstand, wollte er Miss Barrett nicht verlassen. Er zögerte auf halbem Wege zur Tür und kehrte dann zum Sofa zurück. »Flushie«, schrieb Miss Barrett, »ist mein Freund – mein Gefährte – und liebt mich mehr als den Sonnenschein draußen.« Sie konnte nicht ausgehen. Sie war ans Sofa gekettet. »Ein Vogel im Käfig hätte eine ebenso ergiebige Geschichte«, schrieb sie, wie sie. Und Flush, dem die ganze Welt offenstand, zog es vor, sämtlichen Düften der Wimpole Street zu entsagen, um an ihrer Seite zu liegen.

Roy Lichtenstein: GRRR!!

Bestie Hund

FRIEDRICH DÜRRENMATT

Der Hund

Schon in den ersten Tagen, nachdem ich in die Stadt gekommen war, fand ich auf dem kleinen Platz vor dem
Rathaus einige Menschen, die sich um einen zerlumpten
Mann scharten, der mit lauter Stimme aus der Bibel las.
Den Hund, den er bei sich hatte und der zu seinen Füßen
lag, bemerkte ich erst später, erstaunt darüber, daß ein so
riesiges und entsetzliches Tier meine Aufmerksamkeit
nicht auf der Stelle erregt hatte, denn es war von tief-
schwarzer Farbe und glattem, schweißbedecktem Fell.
Seine Augen waren schwefelgelb, und wie es das riesige
Maul öffnete, bemerkte ich mit Grauen Zähne von eben-
derselben Farbe, und seine Gestalt war so, daß ich sie mit
keinem der lebenden Wesen vergleichen konnte. Ich er-
trug den Anblick des gewaltigen Tieres nicht länger und
wandte meine Augen wieder dem Prediger zu, der von
gedrungener Gestalt war, und dessen Kleider in Fetzen
an seinem Leibe hingen: doch war seine Haut, die durch
die Risse schimmerte, sauber, wie denn auch das zerris-
sene Gewand äußerst reinlich war: Kostbar jedoch sah
die Bibel aus, auf deren Einband Gold und Diamanten
funkelten. Die Stimme des Mannes war ruhig und fest.
Seine Worte zeichneten sich durch eine außergewöhnli-
che Klarheit aus, so daß seine Rede einfach und sicher

wirkte, auch fiel es mir auf, daß er nie Gleichnisse brauchte. Es war eine ruhige und unfanatische Auslegung der Bibel, die er gab, und wenn seine Worte doch nicht überzeugten, so rührte dies nur von der Erscheinung des Hundes her, der unbeweglich zu seinen Füßen lag und die Zuhörer mit seinen gelben Augen betrachtete. So war es denn vorerst die seltsame Verbindung des Predigers mit seinem Tier, die mich gefangennahm und mich verführte, den Mann immer wieder aufzuspüren. Er predigte jeden Tag auf den Plätzen der Stadt und in den Gassen, doch war es nicht leicht, ihn aufzufinden, obwohl er seine Tätigkeit bis spät in die Nacht ausübte, denn die Stadt war verwirrend, obgleich sie klar und einfach angelegt war. Auch mußte er seine Wohnung zu verschiedenen Zeiten verlassen und seiner Tätigkeit nie einen Plan zu Grunde legen, denn nie ließ sich in seinem Auftreten eine Regel feststellen. Manchmal redete er ununterbrochen den ganzen Tag auf demselben Platz, manchmal aber wechselte er den Ort jede Viertelstunde. Er war immer von seinem Hund begleitet, der neben ihm schritt, wenn er durch die Straßen ging, schwarz und riesig, und der sich schwer auf den Boden legte, wenn der Mann zu predigen anfing. Er hatte nie viele Zuhörer und meistens stand er allein, doch konnte ich beobachten, daß ihn dies nicht verwirrte, auch verließ er den Platz nicht, sondern redete weiter. Oft sah ich, daß er mitten in einer kleinen Gasse stillstand und mit lauter Stimme betete, während nicht weit von ihm die Leute achtlos durch eine breitere Gasse gingen. Da es mir jedoch nicht gelang, eine sichere Methode zu finden, ihn aufzuspüren, und ich dies immer dem Zufall überlassen mußte, versuchte ich nun, seine Wohnung zu finden, doch vermochte mir niemand Auskunft zu geben. Ich verfolgte ihn daher einmal den ganzen Tag, doch mußte ich dies mehrere Tage wiederholen, denn er kam mir immer wieder am Abend aus den Augen, weil ich bestrebt war, mich vor ihm verborgen zu halten, damit er meine Absicht nicht entdecke. Dann jedoch sah ich ihn endlich, spät in der Nacht, in ein Haus einer Gasse treten, die nur von den Reichsten der Stadt bewohnt wurde, wie ich wußte, was mich denn auch in Erstaunen versetzte. Von nun an änderte ich ihm gegenüber mein Verhalten, indem ich meine Verborgenheit aufgab, um mich nur in seiner nächsten Nähe aufzuhalten, so daß er mich sehen mußte, doch störte ich ihn nicht, nur der Hund knurrte jedesmal, wenn ich zu ihnen trat. So vergingen mehrere Wochen, und es war in einem Spätsommer, als er, nachdem er seine Auslegung des Johannisevangeliums beendet hatte, zu mir trat und mich bat, ihn nach Hause zu begleiten; doch sagte er kein Wort mehr, wie wir durch die Gassen schritten, und als wir das Haus betraten, war es schon so dunkel, daß im großen Zimmer, in welches ich geführt wurde, die Lampe brannte. Der Raum war tiefer als die Straße gelegen, so daß wir von der Türe einige Stufen hinuntergehen mußten, auch sah ich die Wände nicht, so sehr wurden sie von Büchern überdeckt. Unter der Lampe war ein großer, einfacher Tisch aus Tannenholz, an welchem ein Mädchen stand und las. Es trug ein dunkelblaues Kleid. Es drehte sich nicht um, als wir eintraten. Unter einem der beiden Kellerfenster, die verhängt waren, befand sich eine Matratze und an der gegenüberliegenden Wand ein Bett, und zwei Stühle standen am Tisch. Bei der Türe war ein Ofen. Wie wir jedoch dem Mädchen entgegenschritten, wandte es sich, so daß ich sein Gesicht sah. Es gab mir die Hand und deutete auf einen Stuhl, worauf ich bemerkte, daß der

Mann schon auf der Matratze lag; der Hund aber legte sich zu seinen Füßen nieder.

»Das ist mein Vater«, sagte das Mädchen, »der nun schon schläft und nicht hört, wenn wir zusammen sprechen, und der große, schwarze Hund hat keinen Namen, der ist einfach eines Abends zu uns gekommen, als mein Vater zu predigen anfing. Wir hatten die Türe nicht verschlossen, und so konnte er mit seinen Tatzen die Klinke niederdrücken und hereinspringen.« Ich stand wie betäubt vor dem Mädchen und fragte leise, was denn ihr Vater gewesen sei. »Er war ein reicher Mann mit vielen Fabriken«, sagte es und schlug die Augen nieder. »Er verließ meine Mutter und meine Brüder, um den Menschen die Wahrheit zu verkünden.« »Glaubst du denn, daß es die Wahrheit ist, die dein Vater verkündet?« fragte ich. »Es ist die Wahrheit«, sagte das Mädchen. »Ich habe es immer gewußt, daß es die Wahrheit ist, und so bin ich denn mit ihm gegangen in diesen Keller und wohne hier mit ihm. Aber ich habe nicht gewußt, daß dann auch der Hund kommen würde, wenn man die Wahrheit verkündet.« Das Mädchen schwieg und sah mich an, als wolle es um etwas bitten, das es nicht auszusprechen wagte. »Dann schick ihn fort, den Hund«, antwortete ich, aber das Mädchen schüttelte den Kopf. »Er hat keinen Namen und so würde er auch nicht gehen«, sagte es leise. Es sah, daß ich unentschlossen war, und setzte sich auf einen der beiden Stühle am Tisch. So setzte ich mich denn auch. »Fürchtest du dich denn vor diesem Tier?« fragte ich. »Ich habe mich immer vor ihm gefürchtet«, antwortete es, »und als vor einem Jahr die Mutter kam mit einem Rechtsanwalt und die Brüder, um meinen Vater zurückzuholen und mich, haben sie sich auch gefürchtet vor unserem Hund ohne Namen, und dabei hat er sich vor den Vater gestellt und geknurrt. Auch wenn ich im Bett liege, fürchte ich mich vor ihm, ja dann besonders, aber jetzt ist alles anders. Jetzt bist du gekommen und nun kann ich über das Tier lachen. Ich habe immer gewußt, daß du kommen würdest. Natürlich wußte ich nicht, wie du aussiehst, aber einmal, das wußte ich, würdest du mit meinem Vater kommen, an einem Abend, wenn schon die Lampe brennt, und es stiller wird auf der Straße, um mit mir die Hochzeitsnacht zu feiern in diesem Zimmer halb unter der Erde, in meinem Bett neben den vielen Büchern. So werden wir beieinander liegen, ein Mann und ein Weib, und drüben auf der Matratze wird der Vater sein, in der Dunkelheit wie ein Kind, und der große, schwarze Hund wird unsere arme Liebe bewachen.«

Wie könnte ich unsere Liebe vergessen! Die Fenster zeichneten sich als schmale Rechtecke ab, die waagrecht über unserer Nacktheit irgendwo im Raume schwebten. Wir lagen Leib an Leib, immer wieder ineinander versinkend, uns immer gieriger umklammernd, und die Geräusche der Straße vermischten sich mit dem verlorenen Schrei unserer Lust, manchmal das Torkeln Betrunkener, dann das leise Trippeln der Dirnen, einmal das lange, eintönige Stampfen einer vorbeiziehenden Kolonne Soldaten, abgelöst vom hellen Klang der Pferdehufe, vom dumpfen Rollen der Räder. – Wir lagen beisammen unter der Erde, eingehüllt in ihre warme Dunkelheit, uns nicht mehr fürchtend, und von der Ecke her, wo der Mann auf seiner Matratze schlief, lautlos wie ein Toter, starrten uns die gelben Augen des Hundes an, runde Scheiben zweier schwefliger Monde, die unsere Liebe belauerten.

So stieg ein glühender Herbst herauf, gelb und rot, dem spät erst in diesem Jahr der Winter folgte, mild, ohne die abenteuerliche Kälte der Vorjahre. Doch gelang es mir nie, das Mädchen aus seinem Kellerraum zu locken, um es mit meinen Freunden zusammenzubringen, mit ihm das Theater zu besuchen (wo sich entscheidende Dinge vorbereiteten) oder zusammen durch die dämmerhaften Wälder zu gehen, die sich über die Hügel breiten, die wellenförmig die Stadt umgeben: Immer saß es da, am Tisch aus Tannenholz, bis der Vater kam mit dem großen Hund, bis es mich in sein Bett zog beim gelben Licht der Fenster über uns. Wie es jedoch gegen den Frühling ging, wie noch Schnee in der Stadt lag, schmutzig und naß, meterhoch an schattigen Stellen, kam das Mädchen in mein Zimmer. Die Sonne schien schräg durchs Fenster. Es war spät im Nachmittag und in den Ofen hatte ich Scheiter gelegt, und nun erschien es, bleich und zitternd, wohl auch frierend, denn es kam ohne Mantel, so wie es immer war, in seinem dunkelblauen Kleid. Nur die Schuhe hatte ich noch nie an ihm gesehen, sie waren rot und mit Pelz gefüttert. »Du mußt den Hund töten«, sagte das Mädchen, noch auf der Schwelle meiner Türe, außer Atem und mit gelöstem Haar, mit weit offenen Augen, und so gespenstisch war sein Erscheinen, daß ich nicht wagte, es zu berühren. Ich ging zum Schrank und suchte meinen Revolver hervor. »Ich wußte, daß du mich einmal darum bitten würdest«, sagte ich, »und so habe ich eine Waffe gekauft. Wann soll es geschehen?« »Jetzt«, antwortete das Mädchen leise. »Auch der Vater fürchtet sich vor dem Tier, immer hat er sich gefürchtet, ich weiß es nun.« Ich untersuchte die Waffe und zog den Mantel an. »Sie sind im Keller«, sagte das Mädchen, indem es den Blick senkte. »Der Vater liegt auf der Matratze, den ganzen Tag, ohne sich zu bewegen, so sehr fürchtet er sich, nicht einmal beten kann er, und der Hund hat sich vor die Türe gelegt.«

Wir gingen gegen den Fluß hinunter und dann über die steinerne Brücke. Der Himmel war von einem tiefen, bedrohlichen Rot, wie bei einer Feuersbrunst. Die Sonne eben gesunken. Die Stadt war belebter als sonst, voll mit Menschen und Wagen, die sich wie unter einem Meer von Blut bewegten, da die Häuser das Licht des Abends mit ihren Fenstern und Mauern widerspiegelten. Wir gingen durch die Menge. Wir eilten durch einen immer dichteren Verkehr, durch Kolonnen bremsender Automobile und schwankender Omnibusse, die wie Ungetüme waren, mit bösen, mattleuchtenden Augen, an aufgeregt fuchtelnden Polizisten mit grauen Helmen vorbei. Ich drängte so entschlossen vorwärts, daß ich das Mädchen zurückließ; die Gasse endlich rannte ich hinauf, keuchend und mit offenem Mantel, einer immer violetteren, immer mächtigeren Dämmerung entgegen: doch ich kam zu spät. Wie ich nämlich zum Kellerraum hinabgesprungen war und, die Waffe in der Hand, die Türe mit einem Fußtritt geöffnet hatte, sah ich den riesigen Schatten des furchtbaren Tieres eben durch das Fenster entweichen, dessen Scheibe zersplitterte, während am Boden, eine weißliche Masse in einem schwarzen Tümpel, der Mann lag, vom Hunde zerfetzt, so sehr, daß er nicht mehr zu erkennen war.

Wie ich zitternd an der Wand lehnte, in die Bücher hineingesunken, heulten draußen die Wagen heran. Man kam mit einer Tragbahre. Ich sah schattenhaft einen Arzt vor dem Toten und schwerbewaffnete Polizisten mit bleichen Gesichtern. Überall standen Menschen. Ich schrie nach dem Mädchen. Ich eilte die Stadt hinunter und über die Brücke auf mein Zimmer, doch fand ich es nicht. Ich suchte verzweifelt, ruhelos und ohne Nahrung zu mir zu nehmen. Die Polizei wurde aufgeboten, auch, da man sich vor dem riesigen Tier fürchtete, die Soldaten der Kaserne, welche die Wälder in langgestreckten Ketten durchstreiften. Boote stießen in den schmutzigen, gelben Fluß und man forschte mit langen Stangen. Da nun der Frühling hereinbrach mit warmen Regengüssen, die unermeßlich heranschwemmten, drang man in die Höhlen der Steinbrüche, rufend und mit hocherhobenen Fackeln. Man stieg in die Kanalisationsgänge hinab und durchsuchte den Estrich der Kathedrale. Doch wurde das Mädchen nicht mehr gefunden und der Hund kam nicht mehr zum Vorschein.

Nach drei Tagen kam ich spät in der Nacht auf mein Zimmer. Erschöpft und ohne Hoffnung wie ich war, warf ich mich in den Kleidern auf mein Bett, als ich drunten auf der Straße Schritte hörte. Ich rannte ans Fenster, öffnete es und lehnte mich hinaus in die Nacht. Ein schwarzes Band lag die Straße unter mir, noch naß vom Regen, der bis Mitternacht gefallen war, so daß sich die Straßenlampen auf ihr widerspiegelten als verwachsene, goldene Flecken, und drüben, den Bäumen entlang, schritt das Mädchen in seinem dunklen Kleid mit den roten Schuhen, vom Haar, das im Lichte der Nacht blau schimmerte, in langen Strängen umflossen, und ihm zur Seite, ein dunkler Schatten, sanft und lautlos wie ein Lamm, ging der Hund mit gelben, runden, funkelnden Augen.

Thomas Theodor Heine:
Simplicissimus-Bulldogge

Des Teufels Hund

Und wie ich gestorben. Wie ich geboren worden bin, hat meine Mutter allweil erzählt, war doch ein so ein. Ein glühender Hund! Ist da gekommen oder weggelaufen. Oder ist gestorben. Kein törichter Hund. Ein glühender! In den Augen ein Teufel. Der Teufel hat doch Hunde. Dem Teufel seine Hunde glühen. Ist halt ein Vieh auch gewesen mit glühenden Augen. Und ich hab selber im Hechthof einmal eines gesehen. Einen Hund auch oder was es war. Mit glühenden Augen. Da ist fort ein Hund da draußen gelegen. Ich weiß nicht, ist es danach gewesen oder davor? Der Hund ist von der Hillerin nachher erschlagen worden. Hat dem Dorf gehört gehabt. Die hat ihn schon so erschlagen, daß kein Feuer gekommen ist. Ich kann ihn schon erschlagen gehabt haben auch vorher. Katzen haben auch rote Augen. Wenn sie draußen sind in der Nacht. Wenn sie kommen tun zu dir. Das hab ich nicht gewußt gehabt, das Ding. Wenn es in Hunden auch so war. Oh je! Kann ich den besten Hund erschlagen haben durch diese Dummheit. Aber derselbe hat nimmer viel getaugt. Der hat niemanden hineingelassen, wer er nicht gekannt hat. Der, mein ich, war braun. Oder gelb in der Höhe. Ist abgerichtet gewesen auf so Zeug. Alt war er schon gewesen. Den werden sie im Dorf schon angeschossen haben. Ich kann ihm mal einen Napf noch nausgetragen haben. Dann haben wir, wenn es später war, einen mordsgroßen gekriegt gehabt. Den haben wir von dem urdicken Metzger gekriegt gehabt aus Tirschenreuth. Der hat halt überhaupt nicht pariert.

Da hat der Hecht allweil alle Schrotkügelchen heraustun müssen bis auf ein paar. Und mit den paar hat er dem Hund nachgeschossen, wenn der Hund hinter einem Reh hergehetzt ist. So Zeug hat man mit dem treiben müssen. Daß er erst gefolgt hat. Vornhin hat mich er angepackt gehabt. Ich hab ihn vorher gelitten gehabt. Wenn allmal ich ihm das Futter gebracht hab. Wenn er gefressen gehabt hat, hat er mich gelitten. Dann hab ich gesagt gehabt zu ihm, Ich bin doch der, wo dir fort das Fressen geben tut, hab ich gesagt.

Und bin wieder gegangen und hab mir nichts gedacht gehabt. Und hab mir nichts gedacht gehabt. Und das kleine Hecht Helmerl geht hinaus. Und springt dem Helmerl hinauf! Hat ihm bald die Augen herausgekrault! Dann hat ihn der Hecht erschossen.

Im Dienst der Menschheit

Bestie Mensch

THOMAS MANN

Tobias Mindernickel

1

Eine der Straßen, die von der Quaigasse aus ziemlich
steil zur mittleren Stadt emporführen, heißt der Graue
Weg. Etwa in der Mitte dieser Straße und rechter Hand,
wenn man vom Flusse kommt, steht das Haus Nr. 47,
ein schmales, trübfarbiges Gebäude, das sich durch
nichts von seinen Nachbarn unterscheidet. In seinem
Erdgeschoß befindet sich ein Krämerladen, in welchem
man auch Gummischuhe und Rizinusöl erhalten kann.
Geht man, mit dem Durchblick auf einen Hofraum, in
dem sich Katzen umhertreiben, über den Flur, so führt
eine enge und ausgetretene Holztreppe, auf der es unaus-
sprechlich dumpfig und ärmlich riecht, in die Etagen
hinauf. Im ersten Stockwerk links wohnt ein Schreiner,
rechts eine Hebamme. Im zweiten Stockwerk links
wohnt ein Flickschuster, rechts eine Dame, welche laut
zu singen beginnt, sobald sich Schritte auf der Treppe
vernehmen lassen. Im dritten Stockwerk steht linker
Hand die Wohnung leer, rechts wohnt ein Mann namens
Mindernickel, der obendrein Tobias heißt. Von diesem
Manne gibt es eine Geschichte, die erzählt werden soll,
weil sie rätselhaft und über alle Begriffe schändlich ist.

Das Äußere Mindernickels ist auffallend, sonderbar und lächerlich. Sieht man beispielsweise, wenn er einen Spaziergang unternimmt, seine magere, auf einen Stock gestützte Gestalt sich die Straße hinaufbewegen, so ist er schwarz gekleidet, und zwar vom Kopfe bis zu den Füßen. Er trägt einen altmodischen, geschweiften und rauhen Zylinder, einen engen und altersblanken Gehrock und in gleichem Maße schäbige Beinkleider, die unten ausgefranst und so kurz sind, daß man den Gummieinsatz der Stiefeletten sieht. Übrigens muß gesagt werden, daß diese Kleidung aufs reinlichste gebürstet ist. Sein hagerer Hals erscheint um so länger, als er sich aus einem niedrigen Klappkragen erhebt. Das ergraute Haar ist glatt und tief in die Schläfen gestrichen, und der breite Rand des Zylinders beschattet ein rasiertes und fahles Gesicht mit eingefallenen Wangen, mit entzündeten Augen, die sich selten vom Boden erheben, und zwei tiefen Furchen, die grämlich von der Nase bis zu den abwärtsgezogenen Mundwinkeln laufen.

Mindernickel verläßt selten das Haus, und das hat seinen Grund. Sobald er nämlich auf der Straße erscheint, laufen viele Kinder zusammen, ziehen ein gutes Stück Wegs hinter ihm drein, lachen, höhnen, singen: »Ho, ho, Tobias!« und zupfen ihn wohl auch am Rocke, während die Leute vor die Türen treten und sich amüsieren. Er selbst aber geht, ohne sich zu wehren und scheu um sich blickend, mit hochgezogenen Schultern und vorgestrecktem Kopfe davon, wie ein Mensch, der ohne Schirm durch einen Platzregen eilt; und obgleich man ihm ins Gesicht lacht, grüßt er hie und da mit einer demütigen Höflichkeit jemanden von den Leuten, die vor den Türen stehn. Später, wenn die Kinder zurückbleiben, wenn man ihn nicht mehr kennt und nur wenige sich nach ihm umsehen, ändert sich sein Benehmen nicht wesentlich. Er fährt fort, ängstlich um sich zu blicken und geduckt davonzustreben, als fühlte er tausend höhnische Blicke auf sich, und wenn er unschlüssig und scheu den Blick vom Boden erhebt, so bemerkt man das Sonderbare, daß er nicht imstande ist, irgendeinen Menschen oder auch nur ein Ding mit Festigkeit und Ruhe ins Auge zu fassen. Es scheint, möge es fremdartig klingen, ihm die natürliche, sinnlich wahrnehmende Überlegenheit zu fehlen, mit der das Einzelwesen auf die Welt der Erscheinungen blickt, er scheint sich einer jeden Erscheinung unterlegen zu fühlen, und seine haltlosen Augen müssen vor Mensch und Ding zu Boden kriechen...

Was für eine Bewandtnis hat es mit diesem Manne, der stets allein ist und der in ungewöhnlichem Grade unglücklich zu sein scheint? Seine gewaltsam bürgerliche Kleidung sowie eine gewisse sorgfältige Bewegung der Hand über das Kinn scheint anzudeuten, daß er keineswegs zu der Bevölkerungsklasse gerechnet werden will, in deren Mitte er wohnt. Gott weiß, in welcher Weise ihm mitgespielt worden ist. Sein Gesicht sieht aus, als hätte ihm das Leben verächtlich lachend mit voller Faust hineingeschlagen... Übrigens ist es sehr möglich, daß er, ohne schwere Schicksalsschläge erlebt zu haben, einfach dem Dasein selbst nicht gewachsen ist, und die leidende Unterlegenheit und Blödigkeit seiner Erscheinung macht den peinvollen Eindruck, als hätte die Natur ihm das Maß von Gleichgewicht, Kraft und Rückgrat versagt, das hinlänglich wäre, mit erhobenem Kopfe zu existieren.

Hat er, gestützt auf seinen schwarzen Stock, einen Gang in die Stadt hinauf gemacht, so kehrt er, im Grauen Weg von den Kindern johlend empfangen, in seine Wohnung zurück; er begibt sich die dumpfige Treppe hinauf in sein Zimmer, das ärmlich und schmucklos ist. Nur die Kommode, ein solides Empiremöbel mit schweren Metallgriffen, ist von Wert und Schönheit. Vor dem Fenster, dessen Aussicht von der grauen Seitenmauer des Nachbarhauses hoffnungslos abgeschnitten ist, steht ein Blumentopf, voll von Erde, in der jedoch durchaus nichts wächst; gleichwohl tritt Tobias Mindernickel zuweilen dorthin, betrachtet den Blumentopf und riecht an der bloßen Erde. – Neben dieser Stube liegt eine kleine, dunkle Schlafkammer. – Nachdem er eingetreten, legt Tobias Zylinder und Stock auf den Tisch, setzt sich auf das grünüberzogene Sofa, das nach Staub riecht, stützt das Kinn in die Hand und blickt mit erhobenen Augenbrauen vor sich nieder zu Boden. Es scheint, daß es für ihn auf Erden nichts weiter zu tun gibt.

Was Mindernickels Charakter betrifft, so ist es sehr schwer, darüber zu urteilen; der folgende Vorfall scheint zugunsten desselben zu sprechen. Als der sonderbare Mann eines Tages das Haus verließ und wie gewöhnlich eine Schar von Kindern sich einfand, die ihn mit Spottrufen und Gelächter verfolgten, strauchelte ein Junge von etwa zehn Jahren über den Fuß eines anderen und schlug so heftig auf das Pflaster, daß ihm das Blut aus der Nase und von der Stirne lief und er weinend liegen blieb. Alsbald wandte Tobias sich um, eilte auf den Gestürzten zu, beugte sich über ihn und begann mit milder und bebender Stimme ihn zu bemitleiden. »Du armes Kind«, sagte er, »hast du dir weh getan? Du blutest! Seht, das Blut läuft ihm von der Stirn herunter! Ja, ja, wie elend du nun daliegst! Freilich, es tut so weh, daß es weint, das arme Kind! Welch Erbarmen ich mit dir habe! Es war deine Schuld, aber ich will dir mein Taschentuch um den Kopf binden... So, so! Nun fasse dich nur, nun erhebe dich nur wieder...« Und nachdem er mit diesen Worten dem Jungen in der Tat sein eigenes Schnupftuch umgebunden hatte, stellte er ihn mit Sorgfalt auf die Füße und ging davon. Seine Haltung und sein Gesicht aber zeigten in diesem Augenblicke einen entschieden anderen Ausdruck als gewöhnlich. Er schritt fest und aufrecht, und seine Brust atmete tief unter dem engen Gehrock; seine Augen hatten sich vergrößert, sie hatten Glanz erhalten und faßten mit Sicherheit Menschen und Dinge, während um seinen Mund ein Zug von schmerzlichem Glücke lag...

Dieser Vorfall hatte zur Folge, daß sich die Spottlust der Leute vom Grauen Wege zunächst ein wenig verminderte. Nach Verlauf einiger Zeit jedoch war sein überraschendes Betragen vergessen, und eine Menge von gesunden, wohlgemuten und grausamen Kehlen sang wieder hinter dem geduckten und haltlosen Manne drein: »Ho, ho, Tobias!«

2

Eines sonnigen Vormittags um elf Uhr verließ Mindernickel das Haus und begab sich durch die ganze Stadt hinauf zum Lerchenberge, jenem langgestreckten Hügel, der um die Nachmittagsstunden die vornehmste Promenade der Stadt bildet, der aber bei dem ausgezeichneten Frühlingswetter, welches herrschte, auch um diese Zeit bereits von einigen Wagen und Fußgängern besucht war. Unter einem Baum der großen Hauptallee stand ein Mann mit einem jungen Jagdhund an der Leine, den er den Vorübergehenden mit der ersichtlichen Absicht zeigte, ihn zu verkaufen; es war ein kleines gelbes und muskulöses Tier von etwa vier Monaten, mit einem schwarzen Augenring und einem schwarzen Ohr.

Als Tobias dies aus einer Entfernung von zehn Schritten bemerkte, blieb er stehen, strich mehrere Male mit der Hand über das Kinn und blickte nachdenklich auf den Verkäufer und auf das alert mit dem Schwanze wedelnde Hündchen. Hierauf begann er aufs neue zu gehen, umkreiste, die Krücke seines Stockes gegen den Mund gedrückt, dreimal den Baum, an welchem der Mann lehnte, trat dann auf den letzteren zu und sagte, während er unverwandt das Tier im Auge behielt, mit leiser und hastiger Stimme:

»Was kostet dieser Hund?«

»Zehn Mark«, antwortete der Mann.

Tobias schwieg einen Augenblick und wiederholte dann unschlüssig:

»Zehn Mark?«

»Ja«, sagte der Mann.

Da zog Tobias eine schwarze Lederbörse aus der Tasche, entnahm derselben einen Fünfmarkschein, ein Drei- und ein Zweimarkstück, händigte rasch dieses Geld dem Verkäufer ein, ergriff die Leine und zerrte eilig, gebückt und scheu um sich blickend, da einige Leute den Kauf beobachtet hatten und lachten, das quiekende und sich sträubende Tier hinter sich her. Es wehrte sich während der Dauer des ganzen Weges, stemmte die Vorderbeine gegen den Boden und blickte ängstlich fragend zu seinem neuen Herrn empor; er jedoch zerrte schweigend und mit Energie und gelangte glücklich durch die Stadt hinunter.

Unter der Straßenjugend des Grauen Weges entstand ein ungeheurer Lärm, als Tobias mit dem Hunde erschien, aber er nahm ihn auf den Arm, beugte sich über ihn und eilte verhöhnt und am Rocke gezupft durch die Spottrufe und das Gelächter hindurch, die Treppen hinauf und in sein Zimmer. Hier setzte er den Hund, der beständig winselte, auf den Boden, streichelte ihn mit Wohlwollen und sagte herablassend:

»Nun, nun, du brauchst dich nicht vor mir zu fürchten, du Tier; das ist nicht nötig.«

Hierauf entnahm er einer Kommodenschieblade einen Teller mit gekochtem Fleisch und Kartoffeln und warf dem Tiere einen Anteil davon zu, worauf es seine Klagelaute einstellte und schmatzend und wedelnd das Mahl verzehrte.

»Übrigens sollst du Esau heißen«, sagte Tobias, »verstehst du mich? Esau. Du kannst den einfachen Klang sehr wohl behalten...« Und indem er vor sich auf den Boden zeigte, rief er befehlend:

»Esau!«

Der Hund, in der Erwartung vielleicht, noch mehr zu essen zu erhalten, kam in der Tat herbei, und Tobias klopfte ihm beifällig auf die Seite, indem er sagte:

»So ist es recht, mein Freund; ich darf dich loben.«

Dann trat er ein paar Schritte zurück, wies auf den Boden und befahl aufs neue:

»Esau!«

Und das Tier, das ganz munter geworden war, sprang wiederum herzu und leckte den Stiefel seines Herrn.

Diese Übung wiederholte Tobias mit unermüdlicher Freude am Befehl und dessen Ausführung wohl zwölf- bis vierzehnmal; endlich jedoch schien der Hund ermüdet, er schien Lust zu haben, zu ruhen und zu verdauen, und legte sich in der anmutigen und klugen Pose der Jagdhunde auf den Boden, beide langen und fein gebauten Vorderbeine dicht nebeneinander ausgestreckt.

»Noch einmal!« sagte Tobias. »Esau!«

Aber Esau wandte den Kopf zur Seite und verharrte am Platze.

»Esau!« rief Tobias mit herrisch erhobener Stimme; »du hast zu kommen, auch wenn du müde bist!«

Aber Esau legte den Kopf auf die Pfoten und kam durchaus nicht.

»Höre«, sagte Tobias, und sein Ton war voll von leiser und furchtbarer Drohung; »gehorche, oder du wirst erfahren, daß es nicht klug ist, mich zu reizen!«

Allein das Tier bewegte kaum ein wenig seinen Schwanz.

Da packte den Mindernickel ein maßloser, ein unverhältnismäßiger und toller Zorn. Er ergriff seinen schwarzen Stock, hob Esau am Nackenfell empor und hieb auf das schreiende Tierchen ein, indem er außer sich vor entrüsteter Wut und mit schrecklich zischender Stimme einmal über das andere wiederholte:

»Wie, du gehorchst nicht? Du wagst es, mir nicht zu gehorchen?«

Endlich warf er den Stock beiseite, setzte den winselnden Hund auf den Boden und begann tief atmend und die Hände auf dem Rücken mit langen Schritten vor ihm auf und ab zu schreiten, während er dann und wann einen stolzen und zornigen Blick auf Esau warf. Nachdem er diese Promenade eine Zeitlang fortgesetzt hatte, blieb er bei dem Tiere stehen, das auf dem Rücken lag und die Vorderbeine flehend bewegte, verschränkte die Arme auf der Brust und sprach mit dem entsetzlich kalten und harten Blick und Ton, mit dem Napoleon vor die Kompanie hintrat, die in der Schlacht ihren Adler verloren:

»Wie hast du dich betragen, wenn ich dich fragen darf!«

Und der Hund, glücklich bereits über diese Annäherung, kroch noch näher herbei, schmiegte sich gegen das Bein des Herrn und blickte mit seinen blanken Augen bittend zu ihm empor.

Während einer guten Weile betrachtete Tobias das demütige Wesen schweigend und von oben herab; dann jedoch, als er die rührende Wärme des Körpers an seinem Bein verspürte, hob er Esau zu sich empor.

»Nun, ich will Erbarmen mit dir haben«, sagte er; als aber das gute Tier begann, ihm das Gesicht zu lecken, schlug plötzlich seine Stimmung völlig in Rührung und Wehmut um. Er preßte den Hund mit schmerzlicher Liebe an sich, seine Augen füllten sich mit Tränen, und ohne den Satz zu vollenden, wiederholte er mehrere Male mit erstickter Stimme:

»Sieh, du bist ja mein einziger ... mein einziger ...« Dann bettete er Esau mit Sorgfalt auf das Sofa, setzte sich neben ihn, stützte das Kinn in die Hand und sah ihn mit mildem und stillen Augen an.

3

Tobias Mindernickel verließ nunmehr das Haus noch seltener als früher, denn er verspürte keine Neigung, sich mit Esau in der Öffentlichkeit zu zeigen. Seine ganze Aufmerksamkeit aber widmete er dem Hunde, ja, er beschäftigte sich vom Morgen bis zum Abend mit nichts anderem, als ihn zu füttern, ihm die Augen auszuwischen, ihm Befehle zu erteilen, ihn zu schelten und aufs menschlichste mit ihm zu reden. Allein die Sache war die, daß Esau sich nicht immer zu seinem Wohlgefallen betrug. Wenn er neben ihm auf dem Sofa lag und ihn, schläfrig vor Mangel an Luft und Freiheit, mit melancholischen Augen ansah, so war Tobias voll Zufriedenheit; er saß in stiller und selbstgefälliger Haltung da und streichelte mitleidig Esaus Rücken, indem er sagte:

»Siehst du mich schmerzlich an, mein armer Freund? Ja, ja, die Welt ist traurig, das erfährst auch du, so jung du bist...«

Wenn aber das Tier, blind und toll vor Spiel- und Jagdtrieb, im Zimmer umherfuhr, sich mit einem Pantoffel balgte, auf die Stühle sprang und sich mit ungeheurer Munterkeit überkugelte, so verfolgte Tobias seine Bewegungen aus der Entfernung mit einem ratlosen, mißgünstigen und unsicheren Blick und einem Lächeln, das häßlich und ärgervoll war, bis er es endlich in unwirschem Tone zu sich rief und es anherrschte:

»Laß nun den Übermut. Es liegt kein Grund vor, umherzutanzen.«

Einmal geschah es sogar, daß Esau aus der Stube entwischte und die Treppen hinunter auf die Straße sprang, woselbst er alsbald begann, eine Katze zu jagen, Pferdekot zu fressen und sich überglücklich mit den Kindern umherzutreiben. Als aber Tobias unter dem Applaus und Gelächter der halben Straße mit schmerzlich verzogenem Gesichte erschien, geschah das Traurige, daß der Hund in langen Sätzen vor seinem Herrn davonlief... An diesem Tage prügelte Tobias ihn lange und mit Erbitterung.

Eines Tages – der Hund gehörte ihm bereits seit einigen Wochen – nahm Tobias, um Esau zu füttern, einen Brotlaib aus der Kommodenschieblade und begann mit dem großen Messer mit Knochengriff, dessen er sich hierbei zu bedienen pflegte, in gebückter Haltung kleine Stücke abzuschneiden und auf den Boden fallen zu lassen. Das Tier aber, unsinnig vor Appetit und Albernheit, sprang blindlings herzu, rannte sich das ungeschickt gehaltene Messer unter das rechte Schulterblatt und wand sich blutend am Boden.

Erschrocken warf Tobias alles beiseite und beugte sich über den Verwundeten; plötzlich jedoch veränderte sich der Ausdruck seines Gesichtes, und es ist wahr, daß ein Schimmer von Erleichterung und Glück darüber hinging. Behutsam trug er den wimmernden Hund auf das Sofa, und niemand vermag auszudenken, mit welcher Hingebung er den Kranken zu pflegen begann. Er wich während des Tages nicht von ihm, er ließ ihn zur Nacht auf seinem eigenen Lager schlafen, er wusch und verband ihn, streichelte, tröstete und bemitleidete ihn mit unermüdlicher Freude und Sorgfalt.

»Schmerzt es sehr?« fragte er. »Ja, ja, du leidest bitterlich, mein armes Tier! Aber sei still, wir müssen es ertragen.« – Sein Gesicht war ruhig, wehmütig und glücklich bei solchen Worten.

In dem Grade jedoch, in welchem Esau zu Kräften kam, fröhlicher wurde und genas, ward das Benehmen des Tobias unruhiger und unzufriedener. Er befand es nunmehr für gut, sich nicht mehr um die Wunde zu bekümmern, sondern lediglich durch Worte und Streicheln dem Hunde sein Erbarmen zu zeigen. Allein die Heilung war weit vorgeschritten, Esau besaß eine gute Natur, er begann bereits wieder, sich im Zimmer umherzubewegen, und eines Tages, nachdem er einen Teller mit Milch und Weißbrot leergeschlappt hatte, sprang er völlig gesundet vom Sofa herunter, um mit freudigem Geblaff und der alten Unbändigkeit durch die beiden Stuben zu fahren, an der Bettdecke zu zerren, eine Kartoffel vor sich herzujagen und sich vor Lust zu überkugeln.

Tobias stand am Fenster, am Blumentopfe, und während eine seiner Hände, die lang und mager aus dem ausgefransten Ärmel hervorsah, mechanisch an dem tief in die Schläfen gestrichenen Haare drehte, hob seine Gestalt sich schwarz und sonderbar von der grauen Mauer des Nachbarhauses ab. Sein Gesicht war bleich und gramverzerrt, und mit einem scheelen, verlegenen, neidischen und bösen Blick verfolgte er unbeweglich Esaus Sprünge. Plötzlich jedoch raffte er sich auf, schritt auf ihn zu, hielt ihn an und nahm ihn langsam in seine Arme.

»Mein armes Tier«, begann er mit wehleidiger Stimme, – aber Esau, ausgelassen und gar nicht geneigt, sich ferner in dieser Weise behandeln zu lassen, schnappte munter nach der Hand, die ihn streicheln wollte, entwand sich den Armen, sprang zu Boden, machte einen neckischen Seitensatz, blaffte auf und rannte fröhlich davon.

Was nun geschah, war etwas so Unverständliches und Infames, daß ich mich weigere, es ausführlich zu erzählen. Tobias Mindernickel stand mit am Leibe herunterhängenden Armen ein wenig vorgebeugt, seine Lippen waren zusammengepreßt, und seine Augäpfel zitterten unheimlich in ihren Höhlen. Und dann, plötzlich, mit einer Art von irrsinnigem Sprunge, hatte er das Tier ergriffen, ein großer blanker Gegenstand blitzte in seiner Hand, und mit einem Schnitt, der von der rechten Schulter bis tief in die Brust lief, stürzte der Hund zu Boden, – er gab keinen Laut von sich, er fiel einfach auf die Seite, blutend und bebend...

Im nächsten Augenblicke lag er auf dem Sofa, und Tobias kniete vor ihm, drückte ein Tuch auf die Wunde und stammelte:

»Mein armes Tier! Mein armes Tier! Wie traurig alles ist! Wie traurig wir beide sind! Leidest du? Ja, ja, ich weiß, du leidest, – wie kläglich du da vor mir liegst! Aber ich, ich bin bei dir! Ich tröste dich! Ich werde mein bestes Taschentuch...«

Allein Esau lag da und röchelte. Seine getrübten und fragenden Augen waren voll Verständnislosigkeit, Unschuld und Klage auf seinen Herrn gerichtet, – und dann streckte er ein wenig seine Beine und starb.

Tobias aber verharrte unbeweglich in seiner Stellung. Er hatte das Gesicht auf Esaus Körper gelegt und weinte bitterlich.

MARK TWAIN

Die Geschichte eines Hundes

1

Mein Vater war Bernhardiner, meine Mutter war Collie, aber ich bin Presbyterianer. Das sagt meine Mutter; ich selbst kenne mich in diesen feinen Unterscheidungen nicht aus. Für mich sind das nur schöne lange Wörter, die nichts bedeuten. Meiner Mutter gefielen sie ja; sie sprach sie gern, um dann aufzupassen, wie überrascht und neidisch andere Hunde aussahen, als wunderten sie sich, woher sie soviel Bildung hätte.

Aber tatsächlich war das keine richtige Bildung; es war nur Angeberei. Die Worte bekam sie auf die Weise, daß sie im Speise- und im Gesellschaftszimmer zuhörte, wenn Gäste da waren, und indem sie mit den Kindern zur Sonntagsschule ging und dort zuhörte. Und immer, wenn sie ein langes Wort hörte, sprach sie es sich viele Male vor und behielt es deshalb auch, bis in der Nachbarschaft eine hündische Versammlung stattfand; dann packte sie damit aus und überraschte und plagte alle damit, vom Taschenspitz bis zur schweren Dogge, was sie für alle Mühe belohnte.

Wenn ein Fremder darunter war, stand es so gut wie fest, daß er etwas argwöhnte, und wenn er die Sprache wiederfand, fragte er sie dann, was das bedeute. Und immer gab sie ihm dann Auskunft. Das hatte er meist nicht erwartet, sondern geglaubt, er könnte sie erwischen; wenn sie es ihm dann erklärte, war deshalb er derjenige, der sich schämte, wohingegen er angenommen hatte, sie würde sich am Ende schämen. Die anderen lauerten schon immer darauf, freuten sich darüber und waren stolz auf sie, denn sie wußten schon aus eigener Erfahrung, wie sich das abspielen würde. Wenn sie die Bedeutung eines großen Wortes erklärte, waren sie alle dermaßen von Bewunderung erfüllt, daß es keinem Hund einfiel, zu zweifeln, ob das die richtige Erklärung wäre; und das war nur natürlich, denn einerseits antwortete sie so prompt, daß es aussah, als spreche ein Wörterbuch, und wie sollten sie andererseits herausbekommen, ob es falsch oder richtig war? Sie war nämlich der einzige kultivierte Hund, den es gab.

Später, als ich schon älter war, brachte sie einmal das Wort »unintellektualistisch« mit nach Hause und strapazierte es die ganze Woche hindurch auf verschiedenen Versammlungen, wodurch sie reichlich viel Mißbehagen und Niedergeschlagenheit verursachte; und diesmal fiel mir auf, daß sie in jener Woche auf acht verschiedenen Zusammenkünften nach der Bedeutung gefragt wurde und jedesmal blitzartig eine neue Definition hervorschoß, was mir bewies, daß sie mehr Geistesgegenwart als Kultur besaß, doch sagte ich natürlich nichts.

Sie besaß ein Wort, das sie immer bereit und zur Hand hatte wie einen Lebensretter, eine Art Notwort, an das sie sich klammern konnte, wenn es einmal danach aussah, daß sie plötzlich über Bord gespült würde – es war das Wort »synonymisch«. Wenn sie zufällig einmal ein langes Wort hervorholte, dessen Glanzzeit schon einige Wochen vorüber war und dessen vorüberlegte Bedeutungen auf ihrem Abfallhaufen gelandet waren, und wenn dann ein Fremder dabeistand, so schlug es ihn natürlich für ein paar Minuten groggy, aber wenn er wieder zu sich kam, war sie schon mit dem Wind auf anderem Kurs davon und rechnete mit nichts mehr; wenn er sie dann also ansprach und aufforderte, den großen Brocken zu wechseln, dann konnte ich – der einzige Hund, der ihr Spiel kannte – ihre Segel einen Augenblick schlaff hängen sehen, aber nur einen einzigen Augenblick, dann schwollen sie straff und voll an, und sie sagte gewöhnlich so ruhig wie ein Sommertag: »Es ist synonymisch mit Supererogation«, oder irgendein anderes gottlos langes Reptil von Wort dieser Art, und machte sich gelassen daran, ganz behaglich auf den nächsten Kurs zu gleiten, nicht wahr, und ließ den Fremden uneingeweiht und verwirrt stehen, während die Eingeweihten geschlossen mit dem Schwanz auf den Boden klopften und ihre Gesichter sich in frommer Freude verklärten.

Mit ganzen Phrasen war es dasselbe. Sie schleifte oft eine solche Phrase nach Hause, wenn sie großspurig klang, und spielte sie an sechs Abenden und zu zwei Matineen und erklärte sie jedesmal anders – was sie einfach mußte, denn alles, worauf es bei ihr ankam, war die Phrase; es interessierte sie nicht, was sie bedeutete, und sie wußte, daß die Hunde sowieso nicht genug Grips besaßen, sie zu begreifen. Jawohl, sie war vielleicht ein Kaliber! Allmählich fürchtete sie sich vor nichts mehr, so sehr vertraute sie der Dummheit dieser Geschöpfe. Sogar Anekdoten brachte sie an, über die sie die Familie und die Dinnergäste hatte lachen und schreien hören; und gewöhnlich kam es so, daß sie die Pointe von einem abgedroschenen Witz an einen anderen abgedroschenen Witz hängte, wohin sie natürlich nicht paßte und wo sie keinen Sinn ergab; und wenn sie die Pointe herausbrachte, fiel sie um, wälzte sich auf dem Boden, lachte und bellte auf die irrsinnigste Weise, wobei ich bemerkte, daß sie sich selbst wunderte, weshalb sie nicht so witzig war wie damals, als sie es zum erstenmal hörte. Aber das schadete ja nichts; die anderen wälzten sich und bellten ebenfalls, wobei sie sich heimlich schämten, daß sie die Pointe nicht begriffen, und dabei niemals ahnten, daß der Fehler nicht bei ihnen lag und daß überhaupt keinerlei Pointe zum Begreifen da war.

An allem erkennt man, daß sie einen ziemlich eitlen und frivolen Charakter besaß; immerhin besaß sie auch Tugenden, genug, alles andere aufzuwiegen, glaube ich. Sie hatte ein gutes Herz und eine sanfte Art und trug kein ihr angetanes Unrecht lange nach, sondern tilgte es leicht aus ihrem Gedächtnis und vergaß es. Die Kinder lehrte sie ihr freundliches Verhalten, und von ihr lernten wir auch, in Gefahr tapfer und flink zu handeln, nicht auszureißen, sondern der Gefahr, die einen Freund oder Fremden bedrohte, ins Auge zu sehen und zu helfen, so gut wir konnten, ohne des uns daraus entstehenden Schadens zu gedenken.

Und das lehrte sie uns nicht nur mit Worten, sondern durch ihr Beispiel, und das ist der beste, der sicherste und der nachhaltigste Weg. Ach, die kühnen Taten, die sie vollbrachte, die herrlichen Taten! Sie war genau wie ein Soldat, und so bescheiden dabei – na, man konnte nicht anders, als sie bewundern, und man konnte nicht anders, als ihr nacheifern; selbst ein König-Karl-Spaniel konnte in ihrer Gesellschaft nicht ganz verächtlich bleiben. Es war also, wie man sieht, schon mehr an ihr dran als nur ihre Bildung.

2

Als ich endlich ziemlich erwachsen war, wurde ich verkauft und weggenommen, und ich sah sie nie mehr wieder. Ihr nagte es am Herzen, und mir auch, und wir weinten; aber sie tröstete mich, so gut sie konnte, und sagte, wir seien zu einem weisen und guten Zwecke auf dieser Welt und müßten unsere Pflicht tun, ohne zu murren, unser Leben nehmen, wie es ist, es zum Wohle der anderen leben und uns um die Folgen nicht kümmern; sie seien nicht unsere Sache. Sie sagte, Menschen, die sich so verhielten, würden später in einer anderen Welt einen edlen, schönen Lohn dafür finden, und obgleich wir Tiere nicht dorthin gelangten, würde ohne Belohnung gut und recht zu tun unserem kurzen Leben einen Wert und eine Würde verleihen, die allein schon einen Lohn darstellten. Diese Sachen hatte sie von Zeit zu Zeit aufgeschnappt, wenn sie mit den Kindern zur Sonntagsschule ging, und hatte sie in ihrem Gedächtnis sorgfältiger bewahrt als die anderen Wörter und Phrasen; und sie hatte sie tief studiert, zu ihrem und unserem Nutzen. Daran kann man erkennen, daß sie einen klugen, besonnenen Kopf besaß, obwohl soviel Leichtsinn und Eitelkeit darin steckten.

So nahmen wir Abschied voneinander und schauten uns durch die Tränen ein letztes Mal an; und das letzte, was sie sagte – sie hatte es bis zuletzt aufgehoben, glaube ich, damit ich es mir besser merke –, war: »Mir zum Gedächtnis – wenn ein anderer in Gefahr schwebt, denke nicht an dich, denke an deine Mutter und tu, was sie tun würde.«

Glaubt man, das könnte ich vergessen? Nein.

3

So ein reizendes Heim – mein neues! Ein feines, großes Haus mit Bildern und eleganten Dekorationen und kostbaren Möbeln und nirgends Düsternis, sondern ein Gewirr hübscher Farben, die mit dem flutenden Sonnenlicht aufleuchteten; und der geräumige Grund um das Haus und der große Garten – oh, Rasen und stattliche Bäume und Blumen ohne Ende! Und ich galt genau wie ein Mitglied der Familie; sie liebten mich, verwöhnten mich und gaben mir keinen neuen Namen, sondern riefen mich bei meinem alten, den ich gern hatte, denn Mutter hatte ihn mir gegeben – Aileen Mavourneen. Sie hatte ihn aus einem Lied, und die Grays kannten das Lied und sagten, es sei ein schöner Name.

Mrs. Gray war dreißig und so lieb und nett, das kann man sich nicht vorstellen; und Sadie war zehn und genau wie ihre Mutter, genau das süße, kleine, schlanke Ebenbild von ihr, mit braunen Zöpfen auf dem Rücken und kurzem Röckchen. Das Baby war ein Jahr alt, rundlich, mit Grübchen, und hatte mich gern und konnte nicht genug davon kriegen, mich am Schwanz zu ziehen, mich zu umarmen und sein unschuldiges Glück herauszulachen.

Mr. Gray war achtunddreißig, groß und schlank und ansehnlich, ein bißchen kahl vorn, wachsam, flink in seinen Bewegungen, gewandt, munter, entschlossen, unsentimental und genau mit jenem feingezeichneten Gesicht, das vor frostigem Intellektualismus zu glitzern und funkeln scheint! Er war ein berühmter Wissenschaftler. Ich weiß zwar nicht, was dieses Wort bedeutet, aber meine Mutter wüßte, wie man es anwendet, um guten Eindruck zu machen. Sie wüßte, wie man einem Rattenterrier damit das Herz schwer macht und es einem Schoßhündchen leid tun läßt, daß es hinzutrat. Aber das war noch nicht das beste; das beste war das »Laboratorium«. Meine Mutter könnte mit dem Wort einen Trust organisieren, der der gesamten Meute die Steuerhalsbänder abziehen würde. Das Laboratorium war kein Buch, auch kein Bild, auch keine Halbinsel, wie der Hund des College-Direktors sagte – nein, das war Labrador. Das Laboratorium ist etwas ganz anderes, es steht voller Krüge und Flaschen und elektrischer Körper und Drähte und sonderbarer Maschinen; und jede Woche kamen andere Wissenschaftler und setzten sich dort hin, benutzten die Maschinen, debattierten und machten, was sie Experimente und Entdeckungen nannten. Ich ging auch oft hin, stand herum, hörte zu und versuchte um meiner Mutter willen und in liebevoller Erinnerung an sie, etwas zu lernen, obgleich es mir weh tat, wenn mir klar wurde, was sie in ihrem Leben versäumte und daß ich überhaupt nichts gewann; denn so große Mühe ich mir auch gab, ich war nicht imstande, auch nur klug daraus zu werden.

Zu anderer Zeit lag ich im Arbeitszimmer meiner Herrin auf dem Fußboden und schlief, wobei sie mich vorsichtig als Fußstütze benutzte, da sie wußte, es gefiel mir, denn es war eine Liebkosung. Manchmal verbrachte ich eine Stunde im Kinderzimmer und wurde dort schön zerzaust und froh gemacht; ein andermal hielt ich neben dem Kinderbett Wache, wenn das Baby schlief und das Kindermädchen ein paar Minuten draußen etwas für das Kleine zu besorgen hatte. Manchmal tollte und raste ich mit Sadie durch Hof und Garten, bis wir erschöpft waren, schlief dann auf dem Rasen im Schatten eines Baumes, während sie las. Ein andermal ging ich zu Nachbarhunden zu Besuch, denn es gab ein paar höchst liebenswürdige, nicht weit weg, darunter einen sehr schönen, höflichen, eleganten, lockigen irischen Setter namens Robin Adair, der wie ich Presbyterianer war und dem schottischen Pfarrer gehörte.

Die Bedienten des Hauses waren alle sehr freundlich zu mir und konnten mich gut leiden, und so führte ich, wie man sieht, ein angenehmes Leben. Es konnte keinen glücklicheren Hund als mich und auch keinen dankbareren geben. Nun möchte ich auch für mich selbst sprechen, denn es ist nur die Wahrheit: Ich habe in jeder Weise versucht, gut und recht zu handeln und das Gedächtnis meiner Mutter und ihre Lehren in Ehren zu halten und das Glück, das über mich gekommen war, zu verdienen, so gut ich konnte.

Bald darauf kam mein Kleines an, und nun war mein Becher voll, mein Glück vollkommen. Es war ein allerliebstes kleines, strampelndes Ding, so glatt und weich und samtig, und es besaß so niedliche, kleine, unbeholfene Pfoten und so zärtliche Augen und so ein süßes, unschuldiges Gesicht. Es machte mich ganz stolz, wenn ich sah, wie die Kinder und ihre Mutter es gern hatten und herzten und über jedes kleine wunderbare Ding, was es tat, in Entzücken gerieten. Mir schien, als sei das Leben einfach zu schön, um...

Dann kam der Winter. Eines Tages hielt ich im Kinderzimmer Wache. Das heißt, ich schlief auf dem Bett. Das Baby schlief im Kinderbett, das neben dem Bett auf der Seite zum Kamin stand. Es war die Art von Kinderbett, die ein hohes Zelt aus einem florartigen Stoff darüber besitzt, durch das man hindurchsehen kann. Das Kindermädchen war weggegangen, und die beiden Schläfer waren allein. Das Holzfeuer schoß einen Funken heraus, der auf die Schrägseite des Zeltes fiel. Ich vermute, es folgte ein Augenblick Stille, dann weckte mich ein Schrei des Babys, und da loderte schon das Zelt bis an die Decke. Noch ehe ich einen Gedanken fassen konnte, sprang ich in meiner Angst vom Bett herunter und war in einer Sekunde schon auf halbem Wege zur Tür. Aber in der nächsten halben Sekunde klangen mir Mutters Abschiedsworte im Ohr, und ich saß wieder auf dem Bett. Ich steckte meinen Kopf durch die Flammen, zog das Baby am Bund heraus, zerrte es weiter, bis wir in einer Rauchwolke beide zu Boden fielen; ich griff wieder zu und zerrte das schreiende kleine Geschöpf weiter, durch die Tür und um die Ecke in der Diele und zog es immer noch, ganz aufgeregt, froh und stolz, als die Stimme des Herrn erschallte: »Hau ab, du verfluchtes Biest!«

Ich sprang los, um mich in Sicherheit zu bringen, aber er war wunderbar schnell und holte mich ein, wobei er wütend mit dem Stock nach mir schlug und ich vor Schreck hierhin und dahin auswich, bis schließlich ein heftiger Schlag meine linke Vorderpfote traf, so daß ich aufheulte und im Augenblick hilflos hinfiel. Der Stock wurde zu einem neuen Streich erhoben, senkte sich aber nicht mehr, denn die Stimme des Kindermädchens gellte wild: »Das Kinderzimmer brennt!« Der Herr raste in der

Richtung davon, und meine übrigen Knochen waren gerettet.

Der Schmerz peinigte mich entsetzlich, doch war das gleich, ich durfte keine Zeit verlieren; er konnte jeden Moment zurückkehren. So humpelte ich auf drei Beinen zum anderen Ende der Diele, wo sich eine kleine dunkle Treppe befand, die zu einer Dachkammer führte, in der alte Kartons und ähnliches aufbewahrt wurden, wie ich einmal gehört hatte, und wohin selten einer kam. Es gelang mir, dort hinaufzuklettern, und zwischen den Haufen von alten Sachen hindurch bahnte ich mir in der Dunkelheit einen Weg und versteckte mich am verborgensten Platz, den ich finden konnte. Es war dumm, sich dort zu fürchten, doch hatte ich trotzdem Angst; so viel Angst, daß ich die Luft anhielt und sogar kaum winselte, obgleich es eine Erleichterung gewesen wäre, zu winseln, weil das bekanntlich den Schmerz lindert. Aber ich konnte mir das Bein lecken, und das tat mir sehr gut.

Eine halbe Stunde lang gab es unten einen Aufruhr, Rufe und hastende Schritte, und dann herrschte wieder Stille. Einige Minuten Stille, und das tat meinem Gemüt wohl, denn nun ließ meine Furcht nach; und Furcht ist schlimmer als Schmerzen – oh, viel schlimmer. Dann vernahm ich einen Laut, der mich erstarren ließ. Sie riefen mich – riefen mich beim Namen – sie waren hinter mir her!

Die Entfernung machte den Laut undeutlich, doch das konnte ihm nicht den Schrecken nehmen; es war der furchtbarste Laut, den ich je gehört hatte. Er erklang überall, in allen Richtungen, hier unten, die Diele entlang, durch alle Räume, in beiden Stockwerken und im Erdgeschoß sowie im Keller; dann draußen und weiter und immer weiter entfernt, dann zurück und wieder im ganzen Hause herum, und ich dachte, das würde nie, nie mehr ein Ende nehmen. Aber schließlich nahm es ein Ende, Stunden und aber Stunden, nachdem das unbestimmte Zwielicht der Dachkammer schon lange von der schwarzen Finsternis ausgelöscht worden war.

In dieser gesegneten Stille schwand meine Furcht allmählich, und ich fand meine Ruhe wieder und schlief. Ich hatte einen erholsamen Schlaf, aber ich erwachte, bevor das Zwielicht zurückkehrte. Nun fühlte ich mich ziemlich wohl und konnte mir einen Plan ausdenken. Ich dachte mir einen sehr guten aus, nämlich, den ganzen Weg über die Hintertreppe hinunterzukriechen und mich hinter der Kellertür zu verstecken, und wenn beim Morgengrauen der Eismann kam, hinauszuschlüpfen und zu entwischen, während er drinnen den Eisschrank füllte. Dann wollte ich mich den ganzen Tag verbergen und, wenn die Nacht hereinbrach, mich auf den Weg machen, meinen Weg nach – nun, irgendwohin, wo man mich nicht kannte und mich nicht meinem Herrn verraten würde. Mir war fast heiter zumute, da fiel mir plötzlich ein: Ach, was wäre das Leben ohne mein Kleines!

Das war eine Verzweiflung! Es gab keinen Plan für mich, das begriff ich; ich mußte bleiben, wo ich war, bleiben und warten und es nehmen, was auch immer käme – es war nicht meine Sache; so sei das Leben, hatte Mutter gesagt. Dann – nun, dann begann das Rufen von neuem! All mein Kummer kehrte wieder. Ich sagte mir, der Herr wird mir nie vergeben. Ich wußte nicht, womit ich ihn so erbittert und unnachgiebig gemacht hatte, doch meinte ich, es wäre etwas, was ein Hund nicht verstand, was einem Menschen aber klar war und schrecklich.

Sie riefen und riefen, Tage und Nächte, schien es mir;

so lange, daß mich Hunger und Durst fast zum Wahnsinn trieben, und ich spürte, daß ich sehr schwach wurde. Wenn es einem so geht, schläft man viel, und das machte ich. Einmal wurde ich mit einem entsetzlichen Schreck munter – mir war, als hörte ich das Rufen direkt in der Dachkammer! Und so war es auch: Sadies Stimme, sie weinte; mein Name kam gebrochen über ihre Lippen, das arme Ding, und ich konnte vor Freude meinen Ohren kaum glauben, als ich sie sagen hörte: »Komm doch zurück zu uns – oh, komm zurück und verzeih uns – es ist ja alles so traurig ohne unsere . . . «

Ich fiel mit so einem kleinen dankbaren Kläffen ein, und im nächsten Augenblick stürzte und stolperte Sadie durch die Dunkelheit und das Gerümpel und rief der Familie zu: »Ich hab sie gefunden, ich hab sie gefunden!«

Die folgenden Tage – nun, die waren wunderbar. Sadie, ihre Mutter und die Bedienten – also, sie schienen mich einfach zu vergöttern. Sie konnten mir anscheinend kein Bett machen, das fein genug war; und was das Essen betraf, so gaben sie sich mit nichts anderem zufrieden, als mir Wildbret und Delikatessen vorzusetzen, die die Jahreszeit normalerweise gar nicht bot. Jeden Tag strömten Freunde und Nachbarn herbei, um über meinen Heroismus zu hören – das war der Name, mit dem sie es bezeichneten, und er bedeutet Agrikultur. Ich weiß noch, wie meine Mutter es einmal einem Hundezwinger gegenüber ausspielte und es dann in der Weise erklärte, aber nicht sagte, was Agrikultur ist, außer, daß es synonymisch sei mit intramuraler Inkarnation. Ein dutzendmal am Tage erzählten Mrs. Gray und Sadie die Geschichte den Neuankömmlingen, und sie sagten, ich hätte mein Leben eingesetzt, um das des Babys zu retten, und wir beide hätten Verbrennungen, die das bewiesen, und dann reiche mich die Gesellschaft immer herum, streichelte mich und ereiferte sich mit Worten über mich, und man konnte den Stolz in Sadies und ihrer Mutter Augen aufleuchten sehen. Und wenn die Leute wissen wollten, weshalb ich hinkte, dann schämten sie sich und wechselten das Thema, und manchmal, wenn die Leute sie mit Fragen darüber in die Enge trieben, sah es mir so aus, als wollten sie anfangen zu weinen.

Aber das war noch nicht der ganze Ruhm, nein. Die Freunde des Herrn kamen, ganze zwanzig der angesehensten Männer, holten mich ins Laboratorium und debattierten über mich, als wäre ich eine Art Entdeckung. Einige von ihnen sagten, das sei doch ganz wunderbar von einem stummen Geschöpf, der feinste Beweis von Instinkt, auf den sie sich besinnen könnten, aber der Herr sagte mit Nachdruck: »Das ist weit mehr als Instinkt; das ist *Verstand*, und manch ein Mensch, der das Vorrecht genießt, erlöst zu werden und vermöge dessen mit Ihnen und mir in eine bessere Welt einzugehen, besitzt weniger Verstand als dieser arme dumme Vierbeiner, dem vorherbestimmt ist unterzugehen.« Dann lachte er und sagte: »Nun, schaut mich an – ich bin der reinste bittere Hohn! Meine Güte, mit all meiner großartigen Klugheit war das einzige, was ich folgerte, daß der Hund verrückt geworden war und mein Kind umbrachte, wohingegen es nur der Klugheit des Tieres – seinem Verstand, sage ich Ihnen! – zu verdanken ist, daß das Kind nicht umkam!«

Sie debattierten und debattierten, und ich allein bildete den Mittelpunkt und das Thema des Ganzen, und ich wünschte, meine Mutter wüßte, daß mir diese große Ehre zuteil wurde; das hätte sie stolz gemacht.

Dann erörterten sie die Optik, wie sie es nannten, und

ob eine bestimmte Verletzung des Gehirns zur Blindheit führe oder nicht, aber sie gelangten hierin zu keiner Übereinstimmung und sagten, sie müßten das später durch ein Experiment untersuchen. Als nächstes erörterten sie Pflanzen, und das interessierte mich, denn im Sommer hatten Sadie und ich Samen gesteckt – ich half ihr nämlich die Löcher graben –, und nach vielen Tagen schoß dort eine kleine Staude oder eine Blume empor; es war ein Wunder, wie so etwas geschehen konnte, aber es geschah, und ich wünschte, ich könnte sprechen – ich hätte diesen Leuten davon erzählt, ihnen gezeigt, wieviel ich wußte, und am Gegenstand voll Anteil genommen. Aber für die Optik interessierte ich mich nicht; das war stumpfsinnig, und als sie wieder darauf zurückkamen, langweilte es mich, und ich schlief ein.

Sehr bald hatten wir Frühling, und es war sonnig, behaglich und wunderschön, und die Kinder und ihre liebe Mutter streichelten mich und mein Kleines zum Abschied; sie unternahmen eine Reise, um Verwandte zu besuchen. Der Herr leistete uns keine Gesellschaft, aber wir spielten zusammen und ließen es uns gut gehen, und die Bedienten waren nett und freundlich, so daß wir ganz gut miteinander auskamen, die Tage zählten und auf die Familie warteten.

Eines Tages kamen die Männer wieder und sagten, nun ginge es an den Versuch, und sie nahmen mein Kleines ins Laboratorium, und ich humpelte auf drei Beinen auch mit, stolz, denn jede Beachtung, die man ihm zollte, bereitete mir natürlich Freude. Sie debattierten und experimentierten, und dann schrie das Kleine plötzlich auf. Sie setzten es auf den Boden, und es taumelte herum, den Kopf ganz blutig, und der Herr klatschte in die Hände und rief:

»Da, ich habe gewonnen – geben Sie es zu! Er ist stockblind!«

Und sie alle sagten: »So ist's – Sie haben Ihre Theorie bewiesen, und die leidende Menschheit ist Ihnen hinfort zutiefst verpflichtet.« Und sie drängten sich um ihn, schüttelten ihm herzlich und dankbar die Hand und priesen ihn.

Aber das sah oder hörte ich kaum, denn ich rannte sogleich zu meinem kleinen Liebling, schmiegte mich eng an das Kleine, leckte ihm das Blut ab, und es legte seinen Kopf an meinen, leise wimmernd, und ich wußte im Innern, daß es seinen Schmerz und sein Leid linderte, die Mutter zu spüren, obgleich es mich nicht sehen konnte. Kurz darauf fiel es um, die kleine samtige Nase lag auf dem Fußboden, und es war still und bewegte sich nicht mehr.

Bald hielt der Herr in der Erörterung einen Augenblick inne, läutete nach dem Diener und sagte: »Begraben Sie ihn in der hinteren Ecke des Gartens«, und fuhr dann fort zu debattieren, während ich hinter dem Diener hertrottete, sehr froh und dankbar, denn ich wußte, das Kleine hatte nun keine Schmerzen mehr, denn es schlief. Wir gingen weit hinten in den Garten an das entfernteste Ende, wo die Kinder, das Kindermädchen, das Kleine und ich im Sommer im Schatten einer großen Ulme immer spielten, und dort grub der Diener ein Loch, und ich sah, daß er das Kleine pflanzen wollte, und ich war froh darüber, denn es würde wachsen und als schöner, stattlicher Hund wie Robin Adair hervorkommen, und für die Familie wäre das, wenn sie nach Hause käme, eine wunderbare Überraschung. Deshalb versuchte ich, beim Graben zu helfen, aber mein lahmes Bein taugte nicht dazu, weil es doch steif ist, nicht wahr, und man muß zwei Beine dazu haben, sonst hat es keinen Zweck. Als der Diener fertig war und den kleinen Robin zugedeckt hatte, streichelte er meinen Kopf, und Tränen standen ihm in den Augen, als er sagte: »Armes kleines Hündchen, *sein* Kind hast du gerettet!«

Zwei volle Wochen gab ich acht, aber er sproß nicht hervor! Diese letzte Woche überkam mich ein Schrecken. Ich denke, es ist irgend etwas Entsetzliches passiert. Ich weiß nicht, was es ist, aber die Furcht macht mich krank, und ich kann nicht essen, obgleich mir die Bedienten die beste Kost bringen. Und sie tätscheln mich so und kommen sogar zur Nacht und sagen: »Armes Hündchen – gib es auf und komm heim; brich uns nicht das Herz!« Und all das ängstigt mich noch mehr und überzeugt mich, daß etwas geschehen ist. Ich bin so schwach; seit gestern kann ich nicht mehr auf den Beinen stehen, und die Bedienten, die nach der Sonne blickten, als sie aus den Augen schwand und die Nachtkühle heraufkam, sagten noch diese Stunde Dinge, die ich nicht begreifen konnte, obwohl sie eine Kälte in mein Herz senkten: »Die armen Kinder! Sie ahnen es nicht. Sie werden morgen früh nach Hause kommen und ungeduldig nach dem kleinen Hündchen fragen, das die kühne Tat vollbrachte, und wer von uns wird stark genug sein, ihnen die Wahrheit zu sagen: ›Der bescheidene kleine Freund ist dorthin zurückgekehrt, wohin alle Tiere zurückkehren, die untergehen.‹«

Philipp Otto Runge: Ein Hund bellt den Mond an

Das Lied vom Hund

Am Morgen warf die Hündin in ihrem Unterschlupf in einem Roggenschober, / wo Strohmatten golden in einer Reihe glänzen, / sieben Junge, / sieben fuchsrote Welpen.

Bis zum Abend liebkoste sie sie, / indem sie sie mit ihrer Zunge kämmte, / und es floß der unter ihr getaute Schnee / unter ihrem warmen Bauch.

Aber am Abend, zu der Zeit, wo die Hühner / schon lange auf ihrer Stange sitzen, / kam der finstere Hausherr heraus, / steckte alle sieben in einen Sack.

Sie lief über Schneehaufen hin, / mühte sich, hinter ihm zu bleiben. / Und so lange, lange zitterte / die glatte Fläche des nicht gefrorenen Wassers.

Und als sie sich mit Müh und Not zurückgeschleppt hatte, / sich den Schweiß von den Seiten leckend, / da schien ihr, als sei der Mond über der Hütte / einer von ihren Welpen.

Laut schaute sie in die blaue Höhe, / winselnd, / aber der dünne Mond glitt fort / und verbarg sich hinter dem Hügel in den Feldern.

Und dumpf, wie wenn man statt eines Stückes Fleisch, das man einem Hunde aus Freundlichkeit gibt, / ihm zum Spaß einen Stein hinwirft, / rollten die Hundeaugen / als goldene Sterne in den Schnee.

Mousse

Für Alexandre Blanchet

Es gibt gewisse Klüfte, die man »baumes« nennt. Überall in diesem Land mit seinen Hochebenen und Weiden findet ihr solche Löcher; überall an Stellen, wo die Felsen, die den Unterbau des Bodens bilden, sich gegeneinander verschoben haben. Es sind eine Art Spalten, eine Art Schrunden, die sich plötzlich vor einem öffnen. Manchmal sind sie umzäunt wegen der Tiere, die dort weiden, aber meistens weist nichts auf sie hin. Ihre Tiefe, die kennt niemand. Man sagt, bei vielen komme man nie auf den Grund. Wirft man einen Stein hinunter, er sei so groß und schwer wie man will, hört man ihn an den Wänden aufschlagen, der Klang kommt immer weiter und weiter her und erlischt am Ende ganz; aber man vernimmt kein Anhalten, keinen harten und dumpfen Aufprall, der uns vermelden würde: jetzt ist der Grund erreicht. In einigen dieser Spalten fließt Wasser, man hört das Sprudeln von Quellen; aus andern weht ein solcher Frost, ein solch eisiger Atem herauf, daß man annehmen muß, sie seien immer voll von Schnee, der sich hier im Winter aufschichtet.

Eine Kluft dieser Art ist ganz nahe bei der Alphütte gelegen, zweihundert Schritt rechter Hand an der tiefsten Stelle einer weiten Bodenmulde; rings umher dehnen sich Weideplätze wie erstarrte Wellen eines grünen Meeres; noch weiter vorn steigt als deutlicher Kreis eine Schranke von Felsen gegen den Himmel auf. Da war also die Hütte, und neben ihr ein paar andere, aber die waren nicht so groß und nicht so gut gebaut; in der Hütte lebten sie ihrer fünf oder sechs, und darunter Augustin, der kleine Hirt, und der Hund Mousse. Der stammte von einer großen Schäferhündin ab; sie hatte einen Wurf von drei Jungen gehabt, und davon hatte man den drolligsten behalten, weil man Mitleid mit ihm hatte, so niedlich war er und wirklich lustig anzusehen mit einem weißen Fleck um das linke und einem schwarzen um das rechte Auge; ganz kraus war er und spielte den ganzen Tag, biß den Männern an den Schuhen herum, hakte sich an ihren Hosen fest, und so war er herangewachsen, und alle hatten ihn verwöhnt, wie er noch klein war. Als er aber groß wurde und ein wirklicher Hund, wußte man nichts mehr mit ihm anzufangen, denn die Alte kam allein mit Hüten aus. Zudem stellte er sich ungeschickt an, weil sich niemand mehr mit ihm abgab. Man sah ihn für überflüssig an, und dazu fraß er zu viel, denn hier oben ist das Brot rar; man muß es mit großer Mühe vom Dorf herauftragen, volle zwei Stunden aus dem Talgrund herauf.

»Du lästiges Biest!« sagte der Meister, wenn sich Mousse an ihm rieb, und versetzte ihm einen schweren Fußtritt.

»Pack dich!« sagte der Obersenn.

Und dazu pfiff er so schrill durch die Finger, daß Mousse, den Schwanz zwischen den Beinen, davonstob. Und von neuem sagte er:

»Schön bist du wahrhaftig nicht.«

Und er war auch häßlich geworden, schrecklich mager, mit gesträubtem Fell – und weil alle ihn von sich stießen, sah er immer fluchtbereit und ängstlich und mißtrauisch aus; er näherte sich einem nur, wenn er einen großen Kreis um ihn gezogen hatte, und dann kam er kriechend und sich windend heran, und das machte, daß alle ihn nicht leiden mochten, ohne daß einer zu sagen wußte, warum. Man gab ihm keine Suppe mehr, nicht einmal von jener Schotte, die beim Käsemachen übrig bleibt und mit denen man die Schweine aufzieht; er lebte von irgendwelchen Abfällen, wie, war schwer zu sagen; er fraß eben, was er fand. Ausgehungert wie er war, stahl er eines Tages ein paar Kartoffeln. Da schlug ihn der Meister mit dem Geißelstecken, daß die Haare in Büscheln durch die Luft flogen und das Tier heulte, bis es vor Erschöpfung nur noch röcheln konnte; aber der Meister hörte nicht auf, bis er selbst müde war. Von da an sah man einen Hund mit kahlem Rücken, mit gestriemtem, geschwollenem Rücken, der geduckter denn je herumstrich und davonrannte, sobald nur einer die Hand hob. Nur zu dem kleinen Hirten kam er noch heran, da der ihn nie mißhandelt hatte.

Darum wurde auch der Hirt mit der Sache beauftragt. Und darum kam auch ihm der Gedanke dazu, und er sagte:

»In das Loch hinunter muß man ihn werfen.«

Nichts war so einfach wie das. Der Gedanke kam ihm eines Abends, als die Männer von Mousse sprachen und der Meister zum soundsovielten Mal sagte: »Ich werde ihm eins auf den Pelz brennen.« Aber ein Flintenschuß bleibt immer ein Flintenschuß; und darum fand man die Idee des Hirten gut. Eben schlich Mousse an der Hütte vorüber. Da sagten sie zu Augustin: »Also los.« Und Augustin machte ein paar Schritte und rief Mousse. »Mousse, Mousse!« rief er und klatschte dabei mit der Hand auf seinen Schenkel. Und Mousse hielt an und betrachtete ihn lange; dann kam er langsam auf Augustin zu, der sich auf den Weg zum Loch machte; ganz nahe war er dabei, als ihn Mousse endlich einholte. Mousse schlich um ihn herum, wie er es immer tat; dann legte er sich zu seinen Füßen und schlug mit seinem Schweif kräftig auf den harten Boden. Augustin tätschelte ihn mit der Hand, der Schweif trommelte noch rascher die Erde; dann ging Augustin auf das Loch zu, Mousse dicht auf seinen Fersen. Und die fünf saßen immer noch auf der Bank vor der Hütte und schauten zu.

Augustin kam bei der Spalte an. Er setzte sich auf einen großen Stein; Mousse blieb ein paar Schritte von ihm entfernt; er war doch wohl etwas mißtrauisch. Ein paar Schritte blieb er von Augustin entfernt, und Augustin saß auf seinem Stein, und Augustin und Mousse schauten sich an. Das dauerte eine kleine Weile. Dann sah man, wie Augustin dem Hund winkte, und er sprach wohl auch mit ihm; schließlich kam er heran und rieb an ihm herum und legte den Kopf auf seine Knie. Plötzlich ein Geheul: Augustin hatte Mousse am Halsband gepackt und zerrte ihn über die Strecke von zwei oder drei Schritt, nun schwang sich der gebückte Bursche stark nach vorn; dann richtete er sich wieder auf und wandte sich der Hütte zu: Mousse war weg.

Da standen die Männer auf und kamen ihrerseits auch zu dem Loch, wo Augustin auf sie wartete; er lachte und sagte: »Den hat's!« Alle beugten sich über das Loch. Man sah nichts, des Schattens wegen und auch weil einige Meter unter der Öffnung ein großer Stein vorsprang und einem die Sicht in die Tiefe verdeckte, und man vernahm auch nichts. Sie sagten sich: »Der Aufprall muß ihn zerschmettert haben.« Dann kehrten sie in die Hütte zurück und redeten von anderen Dingen; bald legten sie sich nieder, denn die Nacht brach an. Eine weite Mond- und Sternennacht; eine weite Nacht voller Stille, wo ein fallender Wassertropfen als Geräusch vernommen wird und in Weiten verhallt; nur von Zeit zu Zeit wird sie durch das Läuten einer Kuhglocke oder durch das Schnauben eines Stiers unterbrochen.

* * *

Am nächsten Morgen trat gegen Mittag ein Hirt in die Hütte und sagte: »Wißt ihr schon, er heult noch.«

Man hatte schon vergessen, um wen es sich handelte; man fragte:

»Wer denn?«

»Der Hund natürlich.«

Großes Staunen.

»Aber gestern abend machte er doch keinen Mucks.«

»Geht doch selber und hört hin.«

Augustin ging hinüber; bald war er zurück.

»Es ist wahr, er heult, und zwar laut.«

Als es Abend war, gingen alle miteinander hinüber, um nachzusehen, und auch die von den andern Hütten. Man wußte zuerst nicht recht, woher die Laute kamen, die man ganz deutlich hörte; sie schienen von sehr weit herzukommen; sie waren schwach, erstickt, durch die Entfernung gedämpft; man mußte sich über das Loch beugen, aber da schienen sie plötzlich ganz nah zu sein. Es war ein langgezogenes, schrilles Heulen, wie wenn ein Hund den Mond anbellt; schrill, atemlos, mit Unterbrechungen, mit kurzem Kläffen dazwischen; dann war es eine Weile still, und von neuem setzte das Wimmern ein. Es war erstaunlich, wie es immer noch andauerte, nachdem es den ganzen Tag nicht aufgehört hatte, und daß das Tier noch nicht erschöpft war; erstaunlich war auch, daß es den Fall über die Felsen überlebt hatte; vielleicht war es auch unterwegs festgehalten worden. Aber wie konnte man das wissen! Wußte man doch nicht einmal, wie tief die Spalte war. Darüber unterhielten sich jetzt die Männer; sie sagten: »Wasser ist drunten; das ist sicher (man vernahm das Plätschern einer Quelle), aber zu essen ... Lange kann er's nicht mehr aushalten.« »Bis morgen früh.« »Oh, allerhöchstens!« Und sie kehrten ruhig in ihre Hütten zurück.

Es kam die zweite Nacht; sie war so klar wie die erste, ebenso sternenhell, mit der nämlichen großen Stille: da hörte man deutlich das Winseln von Mousse. Deutlich vernahmen ihn die in der Hütte, sobald sie sich niedergelegt hatten; bald darauf schliefen sie ein, und als sie erwachten, wimmerte er noch. Nur waren zur gleichen Zeit die Menschen und Tiere in der Runde aufgewacht, und sein Geheul wurde durch die tausend Geräusche des Lebens zugedeckt.

An diesem Tag gingen nur die kleinen Mädchen des Sennen aus der zweiten Hütte mit ihrem Imbißbrot, um zu sehen, was Mousse mache, und sie zerkrümelten es und warfen die Brosamen in das Loch, weil sie dachten, Mousse habe sicher Hunger; dann hörten sie damit auf und vergnügten sich mit andern Spielen. Sie gingen in die Wiesen und pflückten sich Sträuße aus Arnika, jenen grellgelben und ganz runden Blumen; dann kehrten sie heim und trugen die Sträußlein mit beiden Händen vor sich hin.

Gegen Abend hörte man dann nichts mehr. Und auch in der dritten Nacht hörte man nichts, rein gar nichts. Erst am nächsten Morgen ging Augustin an der Spalte vorbei und verfiel darauf hinunterzuhorchen, und man vernahm tatsächlich nichts; aber da begann er zu rufen. Er beugte sich über das Loch und rief leise: »Mousse! Mousse!« Nichts antwortete, und er dachte: »Es ist vorbei.« Dennoch rief er ein zweites Mal, diesmal lauter und schließlich mit aller Kraft (denn die Stimme hat es schwer, in die Tiefe zu dringen). Und auf einmal kam die Antwort, ein gedehnter Schmerzensschrei, ein heiseres Heulen, und das hörte nun den ganzen Tag nicht mehr auf; der dritte war's.

Und Augustin seinerseits fuhr fort zu rufen, nicht aus Bosheit, nur zu seinem Vergnügen, und vielleicht auch, weil er dieses Tier doch etwas gern hatte; aber man hatte es eben auf die Seite schaffen müssen, was wollt ihr? Man füttert keine überflüssigen Tiere; und nun tat er ihm schön: »Mousse, Mousse, schöner Hund ... komm her, schöner Mousse ... komm schnell ... hier, Mousse, hier ...«, und jedesmal, wie er rief, wurde das Heulen schriller und das Winseln verzweifelter. Immer noch konnte man nichts sehen, nur die feuchte Wand mit den großen vorspringenden Felsblöcken; und diese Frische stieg hinauf, eine Kälte war's eher und ein eisiger Hauch, den man an diesen heißen Tagen mit ihrer lachenden, brennenden Sonne besonders empfand, in diesem blau und grünen Sommer und dem Gesumm der Fliegen. Er dachte sich: »Vielleicht schlief er, oder er hatte den Mut verloren, und schließlich muß er ja müde werden.«

Und da ging er weg zu den andern, die nicht weit davon am Heuen waren, und er sagte zu ihnen: »Immer noch hält er's aus.« »Nicht möglich«, antworteten sie. Und sie mähten weiter, jeder an seiner Stelle, und ließen im Kreise um sich unter der Sense das rauhe Gras fallen, wie es in diesen Bergweiden mit ihrem steinigen Boden wächst. Höher oben weidete die Herde schöner roter Kühe; sie schritten die einen hinter den andern und wechselten als lebhafte Farbflecken die Plätze wie Brettsteine auf einem Damenspiel: bald waren sie dicht beieinander und ausgerichtet, bald zufällig zerstreut; dann zeichneten vier oder fünf hintereinander auf dem Kamm ihre Umrisse ab. Ganz im Grund rauchte der Kamin der Hütte.

Das war der vierte Tag; es folgte der fünfte und der sechste mit immer größerer Stille; immer weniger Schreie und immer größere Stille. Die Männer sagten zueinander: »Jetzt ist er krepiert.« Es war ihnen zur Gewohnheit geworden; sie gingen gern an dem Loch vorbei, wenn sie zum Essen oder Schlafen heimkehrten; ein Weilchen blieben sie dann stehen, ein Weilchen horchten sie hin. Aber am sechsten Tag, obwohl sie ihrer vier oder fünf dort gewesen waren, hatte keiner von ihnen etwas gehört.

»Jetzt ist er krepiert.«

Nur Augustin meinte:

»Sicher ist es noch nicht.«

Und wie er vordem getan hatte, ging er hin und rief nach Mousse. Lange rief er, ohne daß er etwas vernahm, aber ganz zuletzt kam noch ein schwaches Wimmern, kein Heulen mehr diesmal, nur noch ein ungewisses Seufzen, wie man es von ganz kleinen Kindern hört, und auch das verstummte bald, obwohl Augustin weiter rief. Dann kehrte er heim und sagte:

»Tot ist er noch nicht, aber dauern kann's nicht mehr lange.«

Und sie waren über das zähe Leben des Hundes verwundert; allerdings muß auch gesagt sein, daß er nie verwöhnt wurde und von Anfang an gelernt hatte, sich mit wenig zu begnügen. Anderseits besaß er keine Vorräte an Fett, Muskeln und Blut, von denen ein besser ernährtes Tier hätte zehren können; und man vernahm diesen Abend von den Männern Ausdrücke eines gewissen Respekts wegen dieser Zähigkeit.

Auch am siebenten Tag antwortete Mousse noch.

Am achten ging Augustin erst gegen vier Uhr hin, und als er zurückkam, sagte er:

»Jetzt ist's aus.«

Das war alles. Nie mehr hörte man aus dem Loch das geringste Geräusch, den mindesten Hauch. Man darf aber nicht sagen, daß einem das eine Erleichterung war: nur eine große Gleichgültigkeit fühlten alle in sich. Und hauptsächlich zuckten der Meister und die andern die Schultern, und gleichzeitig schritt ein Maultier daher, das vom Dorf heraufkam, mit einem großen Sack auf dem Packsattel. Es war ein Sack Salz zum Lecken. Der Treiber ging voraus und rief dem Meister von weitem. Der wendete sich ihm zu, die Pfeife im Mund. Er nahm sie heraus und fragte:

»Wieviel Kilo bringst du?«

Und der Mann antwortete:

»Fünfzig.«

Unter fliegenden Steinen

So schrecklich, fast Brechreiz erregend,
wie untrennbar waren die beiden.

Die zwei, miteinander verbunden,
wie siamesische Hunde.

Die beiden, von schmerzlichster Fessel,
gefangenen struppigen Köter.

Wie sie da, nicht bellend, und wie sie,
gepackt von der schrecklichen Klammer

des eigenen Fleisches, verzweifelt
hinstürzend, sich wieder erhebend,

sich gegeneinander schon beißend,
geflohn unter Steinen, die flogen

vom Hof her. Ich hörte sie winseln:
Ihr Wahnsinnigen, ihr Pharisäer!

Berganza und Konsorten

MIGUEL DE CERVANTES

Hunde im Dialog

Cipión. Freund Berganza, lassen wir heute nacht das Hospital unter der Obhut des Vertrauens und ziehen wir uns zurück in die Einsamkeit, auf diese Schilfmatten, wo wir, ohne gehört zu werden, die unerhörte Gnade ausnutzen können, die der Himmel uns beiden zugleich verliehen hat.

Berganza. Bruder Cipión, ich höre dich sprechen und weiß, daß ich mit dir spreche, und ich kann es doch nicht glauben; denn mir scheint, wenn wir sprechen, so überschreiten wir die Grenzen der Natur.

Cipión. Das ist wahr, Berganza, und das Wunder wird dadurch noch größer, daß wir nicht nur sprechen, sondern einander Rede und Antwort stehn, als wären wir vernünftige Wesen, während wir doch keine Vernunft besitzen; denn das ist ja gerade der Unterschied zwischen dem Tier und dem Menschen, daß der Mensch ein vernünftiges und das Tier ein unvernünftiges Wesen ist.

Berganza. Alles, was du sprichst, Cipión, verstehe ich; und daß du es sagst und daß ich es verstehe, erregt in mir immer neue Bewunderung und neues Staunen. Indessen ist es doch wahr, daß ich im Laufe meines Lebens oft und häufig gehört habe, wie große Vorrechte wir ge-

Franz Marc: Hund vor der Welt

nießen. Man ging darin sogar sehr weit, und manche wollen bemerkt haben, wir besäßen einen natürlichen Instinkt, der sich in vielen Dingen so lebendig und so scharf ausspreche, daß sich auf das bestimmteste und klarste ergebe, es fehle nicht viel, so könnte man von uns beweisen, wir hätten ein gewisses Etwas, das sich wie der Verstand verhalte und fähig sei, Vernunftschlüsse zu ziehn.

Cipión. Besonders hoch anschlagen und loben hörte ich an uns unser gutes Gedächtnis, unsre Dankbarkeit und unverbrüchliche Treue, so daß man uns als Symbol der Freundschaft zu malen pflegt. Auch wirst du schon gesehn haben, wenn du je darauf geachtet hast, daß man auf Grabsteinen aus Alabaster, auf denen gewöhnlich die Bilder der Begrabenen dargestellt werden, Ehepaaren einen Hund zu Füßen meißelt, zum Zeichen, daß sie einander im Leben unverletzliche Freundschaft und Treue bewiesen haben.

Berganza. Ich weiß wohl, es hat Hunde gegeben, die so dankbar waren, daß sie zu den Leichen ihrer Herren ins Grab hinabsprangen. Andre legten sich auf die Gräber ihrer Herren, ohne von ihnen zu weichen und ohne Nahrung zu sich zu nehmen, bis sie selber das Leben verloren. Auch weiß ich, daß nächst dem Elefanten der Hund am meisten den Anschein weckt, als hätte er Verstand; nach ihm kommt gleich das Pferd und zuletzt der Affe.

Cipión. So ist es. Du wirst aber wohl zugeben, daß du nie gesehn oder gehört hast, daß irgendein Elefant, Hund, Pferd oder Affe gesprochen hat; und hieraus ersehe ich, daß das Sprachvermögen, das uns so unerwartet zuteil wurde, zur Zahl jener Dinge gehört, die man Wunder nennt, und die dem Menschengeschlecht, wie es die Erfahrung bestätigt hat, so oft sie auftreten und sich zeigen, mit irgendeinem großen Unglück drohen.

Berganza. So werde ich unbedenklich auch etwas andres als ein Zeichen böser Vorbedeutung ansehn, was ich früher einmal von einem Studenten hörte, als ich durch Alcalá de Henares ging.

Cipión. Was hörtest du von ihm?

Berganza. Daß sich von fünftausend Studenten, die in jenem Jahr die Universität besuchten, zweitausend der Heilkunst beflissen.

Cipión. Und was folgerst du daraus?

Berganza. Ich folgere daraus, daß diese zweitausend Ärzte entweder Kranke zu behandeln haben, und das wäre ein großes Unglück und Mißgeschick, oder daß sie selbst Hungers sterben müssen.

Cipión. Doch dem sei, wie ihm wolle! Wir sprechen, sei es nun von böser Vorbedeutung oder nicht; denn was der Himmel bestimmt hat, das kann keine menschliche Vorsicht oder Klugheit abwenden. Wir brauchen darum auch nicht miteinander zu streiten, wie oder warum wir sprechen. Besser ist es, wir machen Gebrauch von diesem guten Tage oder dieser guten Nacht; und da wir uns auf diesen Matten so wohl befinden und nicht wissen, wie lange dieses unser Glück dauern wird, so wollen wir es wenigstens ausnutzen und die ganze Nacht hindurch plaudern, ohne uns dieses Vergnügen, nach dem ich mich schon so lange gesehnt habe, durch den Schlaf stören zu lassen.

Berganza. Auch mich hat lange danach verlangt; denn seit ich die Kraft habe, einen Knochen abzunagen, sehnte ich mich danach, sprechen zu können, um Dinge zu sagen, die ich in meinem Gedächtnisse niederlegte und die aus Alter und durch ihre Fülle rosteten und mir entfielen. Jetzt aber, da ich unvermutet mit dem göttlichen Geschenk der Sprache begnadet wurde, gedenke ich, mich seiner zu freuen und es zu benutzen, so gut ich kann, indem ich mich beeile, alles zu sagen, was mir in den Kopf kommt, wenn es auch etwas bunt und wirr durcheinander geht; denn ich weiß nicht, wann man mir diese Gabe wieder abfordern wird, die mir nur geliehen ist.

Cipión. Ich will dir sagen, Freund Berganza, wie wir es anfangen. Heute nacht erzählst du mir dein Leben und alles, was du durchgemacht hast, bis du die Stufe erreichtest, auf der du jetzt stehst; und wenn wir morgen nacht noch sprechen können, so will ich dir das meine erzählen; denn es ist besser, man verwendet seine Zeit darauf, sein eignes Leben zu erzählen, als ein fremdes kennen zu lernen.

Berganza. Von jeher, Cipión, habe ich dich für einen klugen und freundlich gesinnten Gesellen gehalten, jetzt aber mehr als je, weil du mir als treuer Freund deine Schicksale erzählen und meine anhören willst, und weil du die Zeit, in der wir dies ausführen können, mit klugem Sinn verteilt hast. Aber sieh doch erst nach, ob uns auch niemand hört.

Cipión. Niemand, glaube ich. Freilich liegt hier ein Soldat, der Schwitzbäder nimmt; allein zu dieser Stunde wird er eher schlafen, als irgend jemandem zuhören wollen.

Berganza. Gut; wenn ich denn auf diese Versicherung hin reden darf, so höre zu. Sobald aber meine Erzählung dich langweilt, tadle mich oder gebiete mir Schweigen.

Cipión. Rede, bis der Tag kommt, oder bis uns jemand sprechen hört. Ich will dir gern zuhören, ohne dich zu unterbrechen, außer wenn es mir nötig scheint.

Wilhelm Busch: Skizzen

RUDYARD KIPLING

Götter, Freund und Feind

Bitt schön, darf ich 'rein? Ich bin Stapf. Ich bin Sohn von
Schwarzbart von Kildonan – preisgekrönte Familie –
Goldne Medaille – sehr feiner Hund; und keine blöden
Kunststückchen, sagt Herrchen, bloß schön machen
kann ich. Und Pfoten auf Nase tun. Heißt »Bitte bitte
machen«. Schau! Ich tu's aus eignem Kopf, *nicht* auf
Wort... Das ist Wohnung in Stadt. Ich wohne mit Eig-
nem Gott. Ich erzähle:

Da ist Spaziergang-in-Park-an-Leine. Da ist ohne-Leine-wenn-wir-auf-Gras-kommen. Da ist andrer Hund, wie ich, ohne Leine. Ich sage: »Name?« Er sagt: »Schlapper.« Er sagt: »Name?« Ich sage: »Stapf.« Er sagt: »Ich bin feiner Hund. Ich habe Eignen Gott Frauchen.« Ich sage: »Ich bin sehr feiner Hund. Ich habe Eignen Gott Herrchen.« Da ist Umeinanderrumgehen-auf-Zehen. Da ist Raufen. Da ist Tracht Prügel. Herrchen sagt: »'zeihung! Meine Schuld.« Schlappers Frauchen sagt: »Oh! Meine auch.« Herrchen sagt: »Na Gott sei Dank, daß wir beide schuld sind. Nettes Hündchen, Schlapper.« Schlappers Frauchen sagt: »Finden Sie wirklich?« Dann mach' ich schön. Schlappers Frauchen sagt: »Allerliebstes Hündchen Stapf.« Dann ist wieder-an-Leine, und Spazier-gehen mit Schlapper hinter beiden Eigenen Göttern, lange Zeiten ... Schlapper ist garnicht-so-übler Hund. Schaut ganz aus wie ich. Feines-Paar, sagt Herrchen ...

Da ist noch mehr Spazier-gehen in Park. Da ist Schlapper und sein Frauchen auch immer. Eigene Götter gehen zusammen – wie an-Leine. Wir gehen hinten. Wir sind müd. Wir gähnen. Eigene Götter schauen nicht. Eigene Götter hören nicht ... Sie haben weiße Schleifen an unsere Halsbänder gesteckt. Wir mögen nicht gern. Wir reißen runter. Sind schlecht zu essen ...

II

Jetzt wohnen wir in Auf-dem-Lande, gleich neben Park, und Menge gute Gerüche. Wir sind alle hier. Bitte schau! Ich zähl' meine Pfoten. Da bin ich, und Eigner Gott-

Herrchen. Da ist Schlapper, und Schlappers Eigner
Gott-Frauchen. Das sind alle meine Pfoten. Da ist Adar.
Da ist Köchin. Da ist James-mit-Hütte-die-rollt. Da ist
Harry-mit-Spaten. Das sind Schlappers Pfoten. Ich kann
nicht mehr zählen; aber da ist Mädchen, und Dienst-
mann, und Postmann, und Telegramme, und Habdieeh-
re-Fleischer – und Leute. Und da ist Küchenkatze, die
Mauer rauf läuft. *Bös! Bös! Bös!*

In Morgen-Zeit macht Adar von Hütte los und bür-
stet. Dann ist schnell-die-Treppe-raufrennen an Köchin
vorbei und Götter zu Frühstück rufen. Dann ist unterm-
Tisch-liegen-an-beiden-Enden und Köpfe-auf-Füße von
Göttern. Manchmal ist was-Gutes-kriegen-unter-Tisch,
aber »*nicht* betteln!«

Nach Frühstück ist Küchenkatz-jagen durch ganzen
Garten bis Mauer. Sie klettert. Wir sitzen drunter und
singen. Dann ist Warten auf Spazier-gehen mit Göttern.
Wenn's nichts-auf-ihren Köpfen ist, dann ist's bloß
im-Garten-rum und »runter-von-den-Beeten-ihr-zwei!«
Wenns naß ist, dann ist's auf-Teppich-liegen an Feuer
oder »wer-hat-euch-gesagt-daß-ihr-auf-Stühlen-sitzen-
dürft-ihr-Strolche?« Es ist immer zusammen mit-Eige-
nen-Göttern – Eigenem Herrchen und Eigenem Frauchen. Wir sind *sehr* feine Hunde … Da ist Großer Hund
von weitweg, der durch Gebüsch kommt und schaut.
Wir haben ihn bei Kehricht-Kasten getroffen. Wir sagten: »Komm spielen!« Aber er laufte weg. Seine Beine
sind ganz biegig. Und hängige Ohren. Aber größer als
Ich!

August 1923

Bitte sitzt auf! Ich will erzählen nach Zeiten und Langen Zeiten – jede Zeit für sich. Ich erzähle gute Sachen und schreckliche Sachen.

Anfang von Zeiten. Da war Spazier-gehen mit Eigenen Göttern, und »was-Gutes-zum-Essen-wenn-wir-Rast-machen, ihr Schnauzi«. Das war langes Spazier-gehen. Wir eßten große Menge. Dann nachher waren Kaninchen, die nicht bleiben wollten.

Wir jagten. Wir hörten singen in Wald. Sehr kummervoll. Wir liefen such-such machen. Da war der Große Hund von weitweg, der sang vor Grube in Hügel. Er sagte: »Ich bin hier schrecklich lange Zeit, und ich weiß nicht, wo hier ist.« Wir sagten: »Komm Schwänzen nach!« Er kam nach, zurück zu Eigenen Göttern. Frauchen sagte: »Ach du armes großes Baby!« Herrchen sagte: »Was treibt denn Kents Jüngster hier?« Großer Hund ging immerzu auf Bauch und sagte klein. Da war »gib-ihm-die-Reste«. Er küßte Hand. Wir gingten alle nachhause über Felder. Er erzählte, da war Wäsche-auf-Leine, die wedelte wie Schwänze, sehr schön zum Spielen. Er sagte, da kam kleiner alter Hund mit schwarzen Zähnen und sagte, er würde richtigen-Jagdhund aus ihm machen, wenn er mitkäme. Da ging er mit und kam zu wunderschönem Geruch. Alter Hund sagte ihm, er soll seine blöde Nase auf Erde tun und such-such machen. Er machte lange Zeit such-such mit Alter Hund. Da war Feld voll mit Ja-nicht-anrühr-Bähschafen, und wunderschöner Geruch war weg. Alter Hund war bös und sagte, er soll drauf los. Aber Leute kamen, die sagten laut. Er rannte in Wald. Alter Hund sagte, wenn er hier lang genug warten würde, würd' er richtiger-Jagdhund werden, und es würd' ihm gut tun, daß er sich jetzt allein nachhause zurückfinden müßte, weil ihm das noch oft im Leben passieren werde, wenn er weiter so fürchterlich blöd wär' wie jetzt. Alter Hund ging weg, und Großer Hund wartete auf mehr wunderschönen Geruch, und es war Nacht-Zeit, und er wußte nicht, wo zuhause war, und da sang er so, wie wir's gehört hatten. Er war sehr kummervoll. Er ist ganz neuer Hund. Er sagt, sie nennen ihn »Du-Küken«. Nach langer Zeit war Geruch, den er kannte. Da lief er durch Hecke und rannte nachhause. Er sagte, er kriegt gewiß Pitsch-Patsch.

Eine Zeit danach. Küchenkatz sitzt auf Mauer. Wir singen. Sie sagt: »Eigene Götter gehen fort.« Schlapper sagt: »Sie kommen wieder zu Kuchen-Zeit.« Küchenkatz sagt: »Diesmal werden sie gehen und nie wieder kommen.« Schlapper sagt: »Das ist nicht wirklich Ratte.« Küchenkatz sagt: »Geh 'rauf ins Haus und schaut: was Adar tut mit Hütten-zum-Zumachen.«

Wir gingten hinauf in Haus. Da ist Adar und Hütten-zum-Zumachen. Sie stopft voll mit Sachen für Füße und Köpfe und Mitte von Göttern. Wir gehen hinunter. Wir verstehen nicht . . .

Küchenkatz sitzt auf Mauer und sagt: »Jetzt habt ihr gesehen, daß Eigne Götter weggehen. Wartet, bis Hütten-zum-Zumachen hinten raufgetan werden auf Hütte-die-rollt. Dann werdet ihr wissen.« Schlapper sagt: »Wie kannst du wissen, wo diese Ratte hinläuft?« Küchenkatz sagt: »Weil ich Katze bin. Ihr seid Hund. Wenn ihr was getan habt, fragt ihr Eigene Götter, ob es Prügel ist oder Streicheln. Ihr kriecht auf Bauch. Ihr sagt: ›Bitte, ich will brav sein.‹ Was wollt ihr tun, wenn Eigene Götter weggehen und nie wiederkommen?« Schlapper sagt: »Ich

beiß dich, wenn ich dich fange.« Küchenkatz sagt:
»Mach Beine!«

Sie rannte Mauer runter und lief in Küche. Wir kamen
nach. Da war Köchin und Besen. Küchenkatz saß in
Fenster und sagte: »Schaut Köchin dort. Manchmal ist es
dicke Köchin; manchmal ist es dünne Köchin. Aber es ist
immer meine Köchin. Ich bin niemals Köchins Katz.
Aber ihr müßt immer Eigene Götter dabeihaben. Sonst
werdet ihr schlecht. Was wollt ihr tun, wenn Eigene
Götter weggehen?« Wir fühlten nicht wohl. Wir gingten ins Haus. Wir bitteten Eigene Götter nicht weggehen! und nicht »nie-wiederkommen«! Sie verstanden
nicht...

IV

Zeit nachher. Eigene Götter sind fort in Hütte-die-rollt,
mit Hütten-zum-Zumachen hinten drauf! Hütte kam
wieder zu Kuchen-Zeit, aber nicht Götter. Wir machten
such-such durch ganzes Haus. Küchenkatz sagte: »Jetzt
seht ihr!« Wir gingten nachschauen überall. Da war
nichts... Da sind Leute gekommen, die heißen Tischler.
Sie machen kleines Haus in großem Haus. Da ist Postmann, redet mit Adar. Da ist Hab-dieehre-Fleischer, redet mit Köchin. Da ist jeder und redet. Jeder sagt: »Arme
kleine Kerls!« Und geht weg.

Noch mehr Zeit. Heute Nacht-Zeit scheinte Scheinige
Platte in unsere Hütten und machte uns singen. Wir
singten: »Wann werden Eigene Götter wiederkommen?«
Adar schaute 'raus von hoch-oben und sagte: »Hört auf
oder ich komm' euch runter!« Wir waren still, aber
Scheinige Platte scheinte noch mehr. Wir singten: »Wir
wollen brav sein, wenn Götter wiederkommen.« Adar

kam runter. Da war Prügel. Wir sind arme kleine schwache Hunde. Wir wohnen draußen vor Tür. Niemand kümmert sich.

V

Noch mehr Zeit. Ich hab Großen Hund von weitweg mit großen Füßen getroffen. Er heißt nicht »Du-Küken«. Er heißt Roland-Sohn-von-Regan. Er hat nicht Eigenen Gott, weil er richtiger-Jagdhund werden wird. Er wohnt andere Seite von Park, an Großer Weg, mit schrecklichem Leut, der heißt Mister-Kent. Ich bin hin zu Großer Weg. Da waren feine Gerüche und Schwein-Junge und ein Eimer voll mit alten Sachen. Roland sagte: »Iß tüchtig!« Er ist netter Hund. Ich eßte große Mengen. Roland steckte seinen Kopf durch Henkel von Eimer. Der ging nicht wieder runter von ihm. Er lief nach rückwärts, singend. Er singte: »Ich habe Angst.« Leute kamen gerannt. Ich ging weg. Ich gingte in dunklen Ort genannt Milchkammer. Da war Butter und Sahne. Leute kamen. Ich ging 'raus durch kleines Fenster. Ich gab Essen 'raus zweimal, eh' ich schnell laufen konnte. Ich lief zu eigner Hütte und legte hin. Der Leut genannt Mister-Kent kam Zeit nachher. Er sagte zu Adar: »Das kleine schwarze Biest da ist verdammter Dieb.« Adar sagte: »Unsinn! Er schläft.«

Schlapper kam und sagte: »Komm Ratten spielen.« Ich sagte: »Geh zu Großer Weg und spiel mit Roland.« Schlapper ging. Leut dachte, Schlapper sei ich. Schlapper kam nachhause, sehr schnell. Ich bin sehr feiner Hund – aber Herrchen ist nicht wiedergekommen!

196

VI

Nach dieser Zeit. Ich bin Schlechter Hund! Ich bin Sehr Schlechter Hund. Ich bin »Geh-weg-du-schmutziger-kleiner-Teufel!« Ich fand eine Schlechtigkeit auf Weg. Ich mochte gern! Ich rollte drin! Es war herrlich! Ich kam nachhause. Da war Köchin und Adar. Da war »Komm-mir-bloß-nicht-nah!« Da war James-mit-Hütte-die-rollt. Da war: »Komm her, du junges Stinktier!« Er hob auf und waschte mit Seife, und mit Stinkwasser aus Hütte-die-rollt, das reibte er 'rein in alle meine Haare. Da war Anbinden. Ich hatte sehr schlechten Geruch für mich selber. Küchenkatz kam. Ich sagte: »Geh weg! Ich bin Schmutziger Schlechter Hund! Ich bin Richtiger Stinktopf!« Küchenkatz sagte: »Das ist nicht deine eigene Ratte. Du bist schlecht, weil Eigene Götter nicht wiederkommen. Du bist so einer, der nicht brav sein kann ohne Eigene Götter, die streicheln.«

Andere neue Zeit. Ich bin jetzt großer Freund von Roland. Schlapper und ich sind gegangt Huhn jagen auf Großer Weg. Da war böse Huhn-Frau mit Jungen. Sie beißte Schlapper zweimal, mit ihrer Nase, unter sein Auge. Wir gingen fort, andern Weg. Da war Schwein-Frau mit Jungen. Wir gingten anderen Weg. Da war Mister-Kent-Leut mit Prügel-Stock. Wir gingten andern Weg, schnell. Wir fanden Fisch-Kopf auf Haufen von schöne alte Sachen. Da war Roland. Wir gingen alle zum Spielen. Da waren Kuh-Junge in Feld. Sie liefen nach. Wir gingten unter Zaun durch und sagten. Sie rannten weg. Wir rannten nach, bis sie stehen blieben. Sie drehten um. Wir liefen wieder weg. Sie rannten nach. Wir spielten lange Zeit. War großer Spaß. Mister-Kent-Leut und noch mehr Leute kamen und riefen schreckliche Namen. Wir sagten zu Roland: »Wir gehen nachhause.« Roland sagte: »Ich auch.« Er rannte über Feld. Wir gingen nachhause durch schmale Gräben. Wir spielen Ratten-Jagd auf Rasen.

Kuhmann kam und sagte zu Adar: »Die beiden Satansviecher haben meinen Kühen ganze Pfunde vom Leib gehetzt!« Adar sagte: »Schäm dich! Schau sie an! Unschuldig wie die Lämmer!« Wir warteten, bis Kuhmann fort war. Wir baten um Zucker. Adar gab. Roland kam durch Gebüsch – ganz klein. Er sagte: »Ich habe Tracht Prügel bekommen. Was habt ihr bekommen?« Wir sagten: »Zucker.« Er sagte: »Ihr seid sehr feine Hunde. Ich habe Hunger.« Ich sagte: »Ich will dir meinen Vorrat-Knochen geben, dort in Beet. Iß tüchtig.« Er grabte. Wir halfen. Harry-mit-Spaten kam. Roland lief durch Gebüsch schnell wie Küchenkatz. Wir kriegten Pitsch-Patsch und Anbinden für Graben in Beet. Wenn wir schlecht sind, da ist Zucker. Wenn wir gut sind, da ist Pitsch-Patsch. Das ist Ratte, die falschen Weg läuft ...

VIII

Harry-mit-Spaten hat eine Ratte gebracht ... Schaut, bitte! Bitte schaut! Ich bin Rrrichtiger Hund! Ich hab eine Ratte totgemacht! Ich hab eine Ratte umgebringt! Sie beißte mich in Nase. Ich beißte sie wieder. Ich beißte sie, bis sie starb. Ich schüttelte sie ganz tot! Harry sagte: »Brav! Brav! Geborener Rattler!« Ich bin wirklich sehr feiner Hund! Küchenkatz saß auf Mauer und sagte: »Das ist nicht deine eigene Ratte. Du hast sie bloß totgemacht,

Pierre Bonnard: Hunde

um dich bei einem Gott lieb-Kind zu machen.« Wenn
meine Beine großgewachsen sind, werd' ich Küchenkatz
totmachen wie Ratte. *Bös! Bös! Bos!*

IX

Zeit bald nachher. Ich gingte zu Großer Weg, meinem
Freund Roland von meiner Ratte erzählen und mehr finden zum Totmachen. Roland sagte: »Da ist ›Ja-nicht-an-
Schafe‹ für mich, und da ist ›Ja-nicht-an-Hühner‹ für
mich, aber nicht ›Ja-nicht-an-Stier‹. Komm in Park spielen mit Stier-in-Hof.« Wir gingten unters Stiers Zaun
durch in seinen Hof. Roland sagte: »Er ist zu fett zum
Laufen. Sag!« Ich sagte. Stier sagte. Roland sagte.
Schlapper sagte. Ich ging unter Wassertrog und sagte
schreckliche Sachen. Stier blies durch Nase. Ich ging
'raus durch Zaun und kam durch anderes Loch wieder.
Roland sagte Sachen von andrer Seite von Hof. Stier
drehte in Kreis. Er blies. Er war zu fett. Es war großer
Spaß. Ich hörte Mister-Kent sagen, laut. Wir gingen
nachhause durch Park. Roland sagt, ich bin Richtiger
Sporthund, bloß meine Beine sind noch zu klein.

X

Oktober 1923

Schlechte Zeiten tot. Sitzt auf! Sitzt auf jetzt! Ich erzähle!
Ich erzähle! Da ist Waschen gewesen und Sonntag-Hals-
bänder. Tischler-Leute ist fortgegangen und hat neues
Kleines Haus drinnen in Großes Haus dagelassen. Da ist
ganz kleine Hütte-die-schaukelt in Kleines Haus drin.
Adar hat gezeigt. Wir gingen zu James' Haus. Er war
fort mit Hütte-die-rollt. Wir gingen zu Vordertor. Wir

hörten! Wir sahen! Eigene Götter – wirkliche Eigene
Götter – Herrchen – Frauchen – wiedergekommen! Wir
sagten. Wir tanzten. Wir rollten. Wir rannten umherum.
Wir gingen zu Tee, Köpfe-auf-Füßen von Eigenen Göttern! Da war Keks-mit-Butter gegebt unter Tisch, und
zwei Zucker für jeden ...

Wir hörten neue Leute sprechen in Großen Haus. Ein
Leut sagte: »Äng! Äng!« ganz klein wie Katzen-Jungens.
Andrer Leut sagte: »Hia! Hia!« Wir bitteten Eigene Götter: zeigen. Wir gingen hinein in Kleines Haus. Adar gab
Tasse-Tee für Neuer Leut, mehr dick als Adar, der hieß
»Amme«. Da war ganz-klein-Sprechen in Hütte-die-
schaukelt. Er sagte: »Äng! Äng!« Wir schauten hinein.
Adar hielt Halsbänder. Es war sehr kleiner Leut. Es
machte Mund auf. Aber da waren nicht Zähne. Es wedelte Pfote. Ich küßte. Schlapper küßte. Neu-Dick, das
»Amme« heißt, sagte: »O-mei'-gnä'-Frau!« Eigene Götter beide setzten hin bei Kleinster Leut und-sagten-und-
sagten und küßten Pfote. Kleinster Leut sagte sehr laut.
Neu-Dick gab Gutes in Flasche. Wir schwanz-klopften
auf Boden, aber »nicht für-euch-Leckermäuler«. Wir
gingten hinunter, Küchenkatz jagen. Sie rannte auf Ap-
felbaum. Wir sagten: »Eigene Götter *sind* wiedergekommen, mit Kleinstem Neuem Leut, in Kleinster-Hütte!«
Küchenkatz sagte: »Das ist nicht Leut. Das ist Eigner
Götter Eignes Kleinstes. *Jetzt* seid ihr bloß noch schmut-
ziges kleines Hundeviech. Wenn ihr jetzt zu laut sagt zu
mir oder Köchin, weckt ihr Kleinstes auf und da ist
Tracht Prügel. Wenn ihr kratzt, wird Neu-Dick sagen:
›Flöh! Flöh!‹ und da ist mehr Prügel. Wenn ihr 'rein-
kommt naß, wird Kleinstes habschi! machen. Da wird
man euch vor Haus jagen, und ihr werdet kratzen an
Tür-vor-der-Nase-zu. Draußen gehört ihr jetzt hin, zu

Hof und Besen und Kalter Gang und überall wo Leerer Ort ist.« Schlapper sagte: »Komm, gehn wir zu Eigner Hütte und legen hin.« Wir gingten.

Wir hörten Eigene Götter spazieregehen in Garten. Sie sagten: »Schön, wieder daheim zu sein, aber wo sind die Schnauzis?« Schlapper sagte: »Lieg still, sonst tun sie uns hin, wo Leerer Ort ist.« Wir liegten still. Frauchen rufte: »Wo ist Schlapper?« Herrchen rufte: »Stapf, du Schurke! He! Stapfi!« Wir liegten still. Eigene Götter kamen in Hof und fanden. Sie sagten: »Ah, *da* steckt ihr! Habt ihr gemeint, wir würden euch vergessen? Kommt, spaziere-gehen.« Wir kamen. Wir sagten mit kleiner Stimme. Wir rollten vor Füßen und bitteten: nicht schicken wo Leerer Ort ist. Ich machte »Bitte bitte«, weil nicht wohl war. Frauchen sagte: »Wer hätte gedacht, daß sie's so nehmen werden, arme Kleine Kerls?« Herrchen warf viele Stöck-chen. Ich hob auf und brachte zurück. Schlapper ging in Haus mit Frauchen. Er kam schnell heraus. Er sagte: »Komm schnell! Kleinstes wird gewaschen.« Ich lief wie Kaninchen. Kleinstes war ganz gar-nichts-an, auf Kopf und Füßen und Mitte. Dick-Amme waschte und reibte und zog dann an von-oben-bis-unten. Ich küß-te Hinterfüße. Schlapper auch. Beide Götter sagten: »Schau – es kitzelt ihn! Er lacht. *Der* weiß, daß sie ihm nichts tun.« Dann sagten sie und sagten und küßten und küßten es und dann war »Heia-Heia« – das ist so wie »In-die-Hütte« – und dann war Essen und Köpfe-auf-Füßen unter Tisch und große Menge Sachen 'runterge-gebt. Eins war Leber, und zwei waren Käse. Wir sind feine Hunde!

XI

März 1924

Sehr viele Lange Zeiten nach diesen Zeiten. Beide Götter sind Wochen-Ende gegangen in Hütte-die-rollt. Aber wir haben nicht Angst. Sie kommen wieder. Schlapper ging 'rauf sprechen zu Kleinstes und Amme. Ich ging Besuch machen bei meinem großen Freund Roland an Großer Weg, denn ich gehe sehr oft Besuch machen bei ihm. Da war neuer, alter, kleiner weißer Hund vor Scheune. Da war bloß ein Auge. Er war schrecklich gebeißt überall. Seine Zähne waren schwarz. Er ging langsam. Er sagte: »Ich bin Jagd-Terrier a. D.! Benimm dich, du Schoß-hündchen!« Ich hatte Angst vor seiner Älte und Böse. Ich machte schön. Ich sagte ihm von mir und Schlapper und Roland. Er sagte: »Das Küken kenn' ich. Ich hab ihm gezeigt, wie man Richtiger Jagdhund wird. Ich bin mehr alt wie Roy, sein Großvater.« Ich sagte: »Ist das Gute Ratte? Er ist mein Freund. Wird er Richtiger Jagdhund werden?« Jagd-Terrier sagt: »Das kommt drauf an.« Er kratzte seinen schrecklich-gebeißten Hals und schaute mich an aus seinem Auge. Ich fühlte nicht wohl. Ich gingte in Scheune. Da war Roland und zwei Leute. Einer war ganz weiß, bloß mit schwarzen Enden, der hieß Muhr. Einer war langer, feiner Mann, und freundlich, der hieß m'Lord. Muhr-Mann hob Rolands Kopf hoch und machte Mund auf. Feiner Mann schaute. Muhr sagte: »Schauen Sie, m'Lord. Er ist schweinsmäulig.« Feiner Mann sagte: »Schade! Er ist von Romeo und Regan.« Muhr-Mann sagte: »Ja, und sie war die gescheiteste, schärfste Hündin, die ich je gesehen hab'.« Feiner Mann gab Roland Zwieback. Roland stand hoch ganz steif auf Zehen – *sehr* feiner Hund. Muhr sagte: »Romeos Schultern. Regans Läufe. Schade, m'Lord.« Feiner Mann sagte: »*Und* Roy's Brust. Ein Jammer. Ich will mal seh'n. Ich sag' Ihnen morgen Bescheid seinetwegen.«

Sie gingten weg. Roland sagte: »Jetzt werden sie mich zu Richtiger-Jagdhund machen. Ich werde jetzt in Zwinger geschickt und ausgebildet für Jagd in September.« Er ging nach. Jagd-Terrier kam und zeigte schwarze Zähne. Ich sagte: »Was ist ›schweinsmäulig‹?« Er sagte: »Wenn man zu spitzig ist um-die-Nase, Dummkopf.« Dann kam Muhr und nahm Jagd-Terrier hoch auf Schulter, so wie Köchin Küchenkatz trägt. Jagd-Terrier sagte: »Man soll nie zu Fuß gehen, wenn man reiten kann, in *meinem* Alter.« Sie gingten weg. Ich auch. *Aber* ich fühlte nicht wohl.

Als ich nachhause kam, waren Amme und Adar und Köchin in Spülküche und sagten alle laut von Schlapper und Küchenkatz und Kleinstes. Schlapper saß im Ausguß – blutig. Adar drehte Ausguß-Hahn-Wasser auf seinen Kopf. Schlapper springte runter und lief. Wir versteckten in Schuh-Kammer. Schlapper sagte: »Ich gingte rauf Kleinstes sehen. War Heia-Heia. Ich legte unter Ammes Bett. Sie ging runter nach Tasse Tee. Küchenkatz kam und sprang in Hütte-die-schaukelt, neben Kleinstes. Ich sagte: ›'raus da!‹ Sie sagte: ›Ich will hier schlafen. Hier ist warm.‹ Ich sagte sehr laut. Küchenkatz springte 'raus auf Boden. Ich beißte sie auf Weg zur Tür. Sie kratzte. Ich schüttelte. Wir fielen Treppe runter auf Amme. Küchenkatz kratzte über Gesicht. Ich ließ los, weil ich nicht sehen konnte. Küchenkatz sagte, und Köchin hob auf. Ich sagte und Adar hob auf und tat in Ausguß und goß Wasser auf blutiges Auge. Dann sagten alle. Aber ich bin Ganzwohl-Hund, und heut ist *nicht* Wasch-Tag für mich.« Ich sagte: »Schlapper, du *bist* feiner

Hund! Ich hab Angst vor Küchenkatz.« Schlapper sagte:
»Ich auch. Aber diesmal war ich neuer Hund inwendig.
Ich war mächtig wilder großer Hund! Jetzt bin ich
Schlapper.«

Ich erzählte von Roland und Muhr und Feiner Mann
und Jagd-Terrier und schweinsmäulig. Schlapper sagte:
»Ich kann nicht sehen, wo diese Ratte hinläuft. Ich rie-
che, ist schlechte Ratte. Aber ich muß mein Kleinstes bewachen. Das ist *deine* Ratte, du mußt totmachen.«

XII

Nächste Zeit nach Nicht-Wohl. Küchenkatz ist fort und
nicht wiedergekommen. Küche ist nicht nett zu 'reinge-
hen. Ich bin gegangen Besuch machen bei meinem
Freund Roland an Großer Weg. Er war an Kette. Er
singte sehr traurig. Er sagte schreckliche Sachen. Er sagte: »Als ich eingeschlafen war letzte Nacht, wurde ich
Richtiger Jagdhund – sehr feiner Hund. Ich ging schlaf-
jagen mit anderm Hund – gelb-und-weiß-Hund. Wir
schlafjagten mächtig große Fuchs-Tiere immer durch
Dunkles Loch. Dann fiel ich in Teich. Da war schweres
Ding angebunden an meinen Hals. Ich ging unter und
unter in Teich, bis ganz schwarz war. Ich kriegte sehr
Angst und wachte auf aus Schlaf. Jetzt fühle ich nicht
wohl.« Ich sagte: »Warum bist du festgebunden?« Er
sagte: »Mister-Kent hat mich festgebunden, damit ich
auf Muhr warte.« Ich sagte: »Das ist nicht meine Ratte.
Ich will Jagd-Terrier fragen.«

So ging ich zurück in Park. Ich fühlte unwohl in allen
meinen Haaren wegen meinem guten Freund Roland. Da
war Igel in Grube. Er rollte sich ein. Ich sagte laut. Jagd-
Terrier kam aus Gebüsch und stieß in Nasses. Er rollte

sich auf. Jagd-Terrier machte tot. Ich sagte: »Du bist sehr wundervoller, kluger, starker, feiner Hund.« Er sagte: »Was für einen Knochen willst du jetzt, Spitzmaul?« Ich sagte: »Sag mir, was ist ›spitzig-um-die-Nase‹?« Er sagte: »Das ist das, weswegen sie junge Jagdhunde totmachen, weil sie nicht richtig essen und scharf beißen können. Es ist, wenn Nase so ist wie *deine* Nase.« Ich sagte: »Ich kann essen und scharf beißen. Ich bin Sohn von Schwarzbart von Kildonan – preisgekrönte Familie – Goldene Medaille – sehr-feiner-Hund.« Jagd-Terrier sagte: »Ich kenne die Sippe. Sie jagen Flöhe. Was für ein Floh beißt dich?« Ich sagte: »Roland fühlt nicht wohl, und ich fühle nicht wohl wegen mein Freund Roland.« Er sagte: »Du bist nicht so Schoßhündchen wie du ausschaust. Sag mir deinen Kummer.« So sagte ich von Rolands Schlafjagen und In-Teich-Fallen, wie er mir's erzählt hatte, als er festgebunden war. Jagd-Terrier sagte: »Hat er schlafgejagt mit gelb-und-weißer Hündin mit einer Narbe auf linker Backe?« Ich sagte: »Er sagte, jagte mit anderem Hund – gelb-und-weiß – aber er sagte nicht Hundefrau oder Backe. Woher weißt du?« Jagd-Terrier sagte: »Ich wußte schon gestern abend. Ist verteufelt nah an Letzter-Schnaufer für Roland.« Dann sahen wir Muhr auf Hohes-Pferd in Park. Jagd-Terrier sagte: »Er geht zu Herrchen Befehle holen wegen Roland. Lauf!« Ich laufte schneller als Jagd-Terrier. Er sagte Schimpfnamen. Da war Großes Haus in Park. Da war Garten und Tür an Seite. Muhr ging hinein. Jagd-Terrier blieb draußen, Pferd Gesellschaft leisten, das war Großer Freund. Ich sah Sauberer Mann drinnen, der freundlich gewesen war zu Roland auf Großer Weg. Da gingte ich auch 'rein. Feiner Mann sagte: »Was ist *das*, Muhr? Neuer Jagd-Terrier?« Muhr sagte: »Nein, m'Lord. Das ist der kleine schwarze Satan von drüben, der immer zu Kent gelaufen kommt und unsern Roland zu dummen Streichen verführt.« Feiner Mann sagte: »Regan ist nicht wegzukriegen von Roland heute morgen, scheint's.« Muhr sagte: »Nein – und gestern nacht auch nicht, m'Lord.« Feiner Mann sagte: »Ja, ich hab gehört.« Muhr sagte: »Ich komme um Anweisungen wegen Roland, m'Lord.« Feiner Mann saß und schaute Loch-in-Luft, wie Herrchen mit Pfeife. Ich fühlte nicht wohl. Da setzte ich mich auf mein Ende und tat Pfoten auf Nase und machte großes »Bitte-Bitte«. Das ist alles was kann. Feiner Mann schaute und sagte: »Was? Willst du auch mitreden dabei, du kleiner Kauz?« Jagd-Terrier draußen sagte: »Keine blöden Mätzchen da drin! Los, komm 'raus!« Da kam ich 'raus und helfte Hohes Pferd Gesellschaft leisten.

Nach Zeit kam Muhr raus und hob Jagd-Terrier auf und setzte auf Vorder-Sattel und machte Galopp. Jagd-Terrier sagte Schimpfnamen über meine kurzen Beine. Als wir zu Großer Weg kamen, sagte Muhr laut zu Mister-Kent: »Alles in Ordnung.« Mister-Kent sagte: »Freut mich. Wie ist denn das gekommen?« Muhr sagte: »Regan hat ihn gerettet. Sie hat schauderhaft geheult die ganze Nacht; und als Seine Lordschaft heute morgen 'reinschaute, hat sie sich gleich über ihn hergestürzt und gewedelt und gebettelt und gemauzt wie eine Katze. *Die* wußte Bescheid! Er hat kein Wort gesagt dazu, aber jetzt eben hat er zu mir gesagt: ›Roland kommt in den Zwinger mit dem jungen Nachschub, und wir wollen hoffen, daß sein Fehler nicht weiter erblich ist.‹« Mister-Kent band los. Roland rollte und sagte und sagte und spielte mit mir. Wir spielten Fuchs-in-der-Höhle. Ich war Fuchs. Immer um Schwein-Frauen-Haus herum. Ich verkroch unter Huhn-Haus. Huhn-Frauen sagten viel.

Jagd-Terrier sagte, wenn er mich zwei Sommer hätte, würd' er einen rechten Kerl aus mir machen. Aber ich mag nicht. Ich habe Angst vor in-Teich-getan-und-versenkt-werden, weil ich spitzig-um die-Nase bin. Aber jetzt fühle ich wohl bis in alle Haare. Ich habe Gras gegessen und 'rausgegebt. Ich bin glücklicher Hund.

XIII

Anfang April 1924

Wunderschöne Zeiten. Wir sind feine Hunde. Da war Bim-Bam-Tag, wo Herrchen immer kommt ganz-schwarz-überall und langsam geht mit scheiniger Schachtel auf Kopf und »Komm-mir-ja-nicht-an-meine-Hosen«. Das ist *immer* Bim-Bam-Tag-Ratte. Amme tat Kleinstes in Schieb-Hütte und ging spaziergehen in Park. Wir gingten mit und rannten und sagten große Menge. Wir gingen an Großer Weg, immer Gitter von Park entlang. Roland hörte. Er sagte: »Ich komme. Mein Halsband ist zu groß.« Er streifte Halsband ab und kam mit. Kleinstes sagte laut und wedelte Pfote. Roland schaute in Schieb-Hütte und küßte Kleinstes in Gesicht. Amme jagte weg und haute mit Tasch-Tuch. Roland sagte: »*Warum* bin ich Pfui-Hund? Ist doch nicht Ja-nicht-anrühr-Kleinstes für mich.«

Wir gingten alle durch Park neben Schieb-Hütte. Da war Geräusch hinter Busch. Stier-mit-dem-wir-spielten-in-Hof kam 'raus und grabte mit Pfoten und schlagte mit Schweif. Amme sagte: »Ach was tu ich bloß – tu ich bloß? Meine Beine sind ganz wacklig!« Sie nahm Kleinstes aus Schieb-Hütte und rannte zu Gitter. Stier ging schnell nach. Wir rannten ihm in Weg. Schlapper und ich sagten große Menge. Roland sprang ihm an Nase und rannte. Stier drehte ’rum. Roland rannte hinter Schieb-Hütte. Stier stieß Schieb-Hütte an Seite und warf um. Roland sprang ihm an Nase und Schlapper biß hinten. Ich auch. Stier drehte um. Roland rannte Stück voraus. Stier kam nach in Gebüsch. Roland sagte: »Beißt ihn in Fell!« Wir beißten und rannten ’rein und ’raus. Dann beißte Roland und sprang mit Rückwärts-Bellen vor Nase. Es war großer Spaß. Stier wurde blutig. Schlapper und ich sagten schreckliche Sachen. Stier rannte weg in Park und blieb stehen. Wir sagten von drei Stellen, da wußte er nicht wohin. Es war sehr großer Spaß.

Leute ruften von Gitter am Weg. Da war Amme Pfoten-hoch an Boden und strampelte Füße. Da war Kleinstes und Eigene Götter, die hielten Kleinstes ganz fest an Brust. Da war Mister-Kent-Leut. Stier sagte, ganz klein, wie Kuh-Junges. Mister-Kent kam und steckte Stock durch Stiers Nase und führte weg. Alle Leute an Gitter sagten sehr laut zu uns. Wir hatten Angst wegen Kühen-Pfunde-vom-Leib-hetzen damals. Wir gingten heim andern Weg. Roland kam mit, weil er sein Halsband abgestreift hatte und Angst hatte vor Pitsch-Patsch. Ich machte Kehrichtkasten auf mit Nase – wie ich kann. Da war Kartoffeln und Hering-Schwänze und Fell von Käse. War fein. Dann tat Roland seine Rücken-Haare hoch ganz schrecklich und sagte: »Wenn ich Pitsch-Patsch kriege, beiß’ ich Mister-Kent.« Wir gingen mit sehen.

Da war sehr viel Leute, alle ganz Bim-Bam-Tag-schwarz. Wir sahen Muhr. Wir sahen Mister-Kent. Er war blutig an eine Seite von Schwarz. Er blies durch Nase. Er sagte: »Roland hat richtiges Hackfleisch aus ihm gemacht. Schaut euch meinen Besten Sonntagsanzug an!« Muhr sagte: »Das zeigt, daß es doch nicht so schlimm ist mit der Schweinsmäuligkeit.« Mister-Kent sagte: »Schert-mich-den-Teufel! Was wird mit meinem Bullen?« Muhr sagte: »Steck ihn in den Hühnerhof – so wie der sich blamiert hat mit Roland!« Mister-Kent sagte sehr viele Menge.

Roland ging langsam um Scheune und blieb stehen steif. Seine Rücken-Haare waren wie zornige Er-Schweine. Mister-Kent fing an schrecklich zu sagen. Muhr sagte: »Geh nicht 'ran! Der hat das Temperament von seiner Mutter, gefährliche Sache.« Dann sagte Muhr freundliche kleine Sachen und streichelte. Roland tat Kopf auf Muhrs Füße, und alle seine Rücken-Haare kuschten sich und waren wieder richtiges Fell. Muhr nahm ihn zu Hütte und füllte Wasser-Trog und drehte Stroh um auf Schlafbank. Roland rollte zusammen wie kleines Junges und küßte Hände. Muhr sagte: »Laß ihn in Ruhe, bis er von selber 'rauskommt. Sonst gibt's noch mehr Unheil als mit deinem Stier.«

Schlapper und ich rannten weg. Wir hatten Angst. Wir waren schrecklich schmutzig. Meine hübschen kräusligen Hosen waren voll mit klebrigen Kletten, und unsre Vor-Hemden waren blutig von Stier. So gingen wir zu unser Adar, aber Eigene Götter kamen und Kleinstes und Dick-Amme, und sie sagten alle und sagten und streichelten, bloß Köchin nicht, weil Küchenkatz nicht wiedergekommen ist. Da war wunderschöne Sachen-unter-Tisch bei Essen. Eins war Leber. Eins war Käse-Fell und eins war Sardine. Nachher war Kaffee-Zucker. Wir gingten hinauf Kleinstes sehen in Heia-Heia. Es fühlt ganz wohl. Wir sind *sehr* feine Hunde. Eigne Götter sagen so immerzu. *Ist* großer Spaß!

Gleich nach dieser Zeit. Da ist kein Roland mehr an Großer Weg. Ich gingte hin besuchen. Muhr kam mit Hohes-Pferd und Knall-Peitsche und nahm weg. Roland fühlte sehr stolzer Hund inwendig (sagte er), aber auswendig ängstliches Junges. Er sagte, ich sei sein bester Freund trotz meinen kleinen Beinen. Er sagte, er wird wiederkommen, wenn er Richtiger Jagdhund geworden ist, und ich werde immer sein Bester Kleiner Freund sein. Er kam zurückschauen, aber Muhr knallte mit Peitsche. Roland singte schrecklich. Ich hörte ihn ganzen Weg lang, nach nicht-mehr-sehen. Ich bin trauriger Hund, aber ich bin immer Freund von mein Freund Roland. Schlapper kam zu mir bei Kaninchen-Löchern. Wir wurden schmutzig an Bauch, weil wir so niedrig sind. So gingen wir zu unser Adar zu Saubermachen.

Küchenkatz saß wieder auf Mauer. Schlapper sagte: »Gib ihr kalte-tote-Ratte.« Wir gingten drunter-vorbei ganz still. Sie sagte: »Ich bin Küchenkatz, wiedergekommen, ihr blöden kleinen Köter.« Wir sagten nicht und schauten nicht. Wir gingen zu Adar. Schlapper sagte zu mir: »Jetzt wo wir Stiere jagen in Parks, darfst du nie wieder zu Küchenkatz sprechen – nie!« Ich sagte: »Gute Ratte! Du *bist* kluger Hund.« Köchin hob Küchenkatz auf und sagte: »Mein geliebtes kleines Pussi!« Küchenkatz sagte: »Ich bin Katze, nicht Hund, scher dich zum Teufel!« Köchin streichelte immer weiter. Dann band sie fest in Körbchen in Küche und sagte: »Das hast du jetzt gehabt dafür, von wegen in-die-Kinderstube-rauflaufen. Jetzt wirst du immer hübsch brav sein und bei mir bleiben!« Küchenkatz spuckte. Köchin nahm Besen, weil sie dachte, wir wollten jagen; aber wir gingen vorbei ganz still. Das ist Schluß mit Küchenkatz. Wir sind feine Hunde. Wir jagen Stiere. Sie jagt nicht mal richtige Ratten. Sie ist schlecht! Schlecht! Schlecht!

XIV

Ende April 1925

Sehr wunderschöne Zeiten. Das bin ich – Stapf. Drei Jahre alt. Ich bin verantwortlicher Hund (Schlapper auch), sagt Herrchen. Wir sind verantwortlich für Kleinstes. Er kann jetzt raus aus Schieb-Hütte. Er spaziergeht zwischen Schlapper und mir. Er hält an Ohren und Nasen. Wenn er hinsetzt, zieht er sich hoch ebenso. Er sagt: »Bab-bab!« Das bin ich. Er sagt: »Scha-scha.« Das ist Schlapper. Er hat Schwänze von uns beiden gebeißt, damit Zähne stark werden, weil er nicht Knochen hat zu beißen. *Wir* haben nicht gesagt. Er ist in Hütten von uns beiden gekommen und hat unser Zwieback essen gewollt. Amme fand. Da war kleinstes Pitsch-Patsch. *Er* hat nicht gesagt. Sehr feines Kleinstes ist er.

Er bekam Waschen und neues Halsband und Extra-Bürsten. Es war *nicht* Bim-Bam-Tag. Es war nach Letzte-Jagd-dies-Jahr. Er spaziering auf Rasen. Wir kamen, eins auf jeder Seite. Er hielt fest. Da war Hörner in Park. Ich war kribblig in allen meinen Haaren. Aber ich sagte nicht. (Zu alt, um mich noch zum Narren-zu-machen in *meinen* Jahren, sagt Herrchen.) Da war Hunde und Rote Leute, die kamen auf Gras. Da war Muhr – aber er war auch Rot. Da war Mister-Kent. Da war netter Feiner Mann, der freundlich war zu Roland in Scheune von wegen schweinsmäulig. Da waren noch mehr Rots, aber keine Bekannten. Muhr brachte alle Hunde zu Zaun bei Rasen. Sie sitzen nieder still. Sie waren schön schmuddlig, und Unkraut in Fellen und Schwänzen, und Ohren blutig. Jagd-Terrier saß in eigenem Körbchen auf Hohes-Pferd. Als Muhr ihn 'runternahm, sagte er schreckliche Sachen zu Hunden. Sie sagten nicht zurück. Feiner

Mann sagte zu Herrchen und Frauchen: »Wir kommen Kleinstes besuchen mit Fuchsschwanz.«

Kleinstes mochte gern, weil kitzelte; aber Amme wischte schnell ab mit Tasch-Tuch. Herrchen-und-Frauchen sagte: »Wie hat sich Roland gehalten?« Feiner Mann sagte: »Wie immer. Führte von Anfang bis zu Ende. Er möchte euch begrüßen.« Roland stand hoch an Zaun und steckte Nase durch. Kleinstes streckte Hand aus und Roland küßte. Dann sagte Muhr: »Hopp, mein Junge!« Roland hoppte ’rüber mit ein Satz und sagte zu Kleinstes, zweimal ganz laut, wie Bim-Bam-Tag, und spielte Junger Hund ganz vorsichtig und ließ Kleinstes an Ohren halten. Seine Ohren sind jetzt ganz rund gemacht.

Er sprach zu mir. Ich ging Pfoten-hoch, weil er so groß und schrecklich und stark war. Er sagte: »Laß das, Dummerl! Weißt noch, wie ich verlaufen war in Wald? Weißt noch Eimer und Fischköpfe? Weißt noch Kuh-Junge und Schwein-Frau und Mister-Kent und Pitsch-Patsch und alles das an Großer Weg? Du bist Richtiger Sport-Hund, bloß deine Beine sind zu klein, und immer alter Freund von Roland.« Er rollte mich auf Rücken und hielt nieder mit Pfoten und spiel-beißte in mein Hals. Ich spiel-beißte ihn auch, mitten in Backen! *Alle* Hunde sahen! Ich spazierging herum steif-auf-Zehen, *sehr* stolz. Dann kam Jagd-Terrier unter Zaun durch geschwänzelt. Feiner Mann sagte Frauchen: »Er ist jetzt pensioniert, aber es würde ihm das Herz brechen, wenn er nicht mit den andern ’rausdürfte. Er kann Ihren Hunden nichts tun, der arme Kerl.« Jagd-Terrier ging auf Zehen um-mich-’rum und zeigte schwarze Zähne. Ich ging Pfoten-hoch, weil er so alt war und so viel wußte von schrecklichen Sachen, bei denen man nicht wohl fühlt. Er sagte: »Ich will dir’s für diesmal erlassen, Spitzmaul, weil du von Rolands Schlaf-Jagen gewußt hast, und von Dunkler Teich. War um ein Haar dran! Jetzt muß ich gehen und nach dem jungen Nachwuchs schauen. Kein einziger Richtiger-Jagdhund dabei!«

Er ging weg und beißte eine alte Hunde-Dame, gelb-und-weiß, mit schwarzen Flecken auf Backen. Sie sagte und runzelte Nase schrecklich, aber schnappte nicht. Sie saß und schaute auf Roland durch Zaun und sagte zu ihm – wie an Bim-Bam-Tag, aber lauter. Feiner Mann sagte: »Mutter Regan will jetzt zur Vesper. Fürchte, wir müssen fort.« Sie gingten weg. Da war Hörner und Pferde und Rots, und Hunde, die aufsprangen, und Muhr, der sagte Namenlaut, und Roland hoppte über Zaun wunderschön. Sie gingten alle weg – alle – alle. Ich war sehr kleiner kleiner Hund.

Dann sagte Kleinstes: »Bab-bab! – Scha! Scha!« Er nahm Hälse an Halsbändern. Er sagte zu Eigenen Göttern: »Da-Da! Wau-wau! Tomm Tee, Wau-wau!«… Das ist Ende jetzt von allem von Ich-und-Schlapper. Ich mach' Bitte-Bitte!

OSKAR PANIZZA

Aus dem Tagebuch eines Hundes

April.

Eine merkwürdige Entdeckung gemacht! Abends schickt mich mein Herr immer mit einem Fußtritt unter's Bett. Damit ich seine Zaubereien und vermaledeiten Verwandlungskünste nicht entdecke, vermutlich. Aber wir sind schlau, vorsichtig und spürnasig. Nachts schlich ich vor. Es war so halbdunkel. Der Mond, unser gütiges Geschick, schaute von hoch oben herein. Was mußte ich sehen, oder vielmehr riechen! Auf dem Sofa lag, wie soll ich sagen, mein ausgeschlüpfter Herr; Beinrohre, zusammengeknickt; die Füße am Boden gestellt, anscheinend auch hohl, ohne Zusammenhang mit dem Übrigen; Schultern und Taille und ein Teil des Kopfes auf dem Sofa zerstreut, verwurstelt, zerbrochen, ausgelaufen. Das Gesicht fehlte. Und im Bett? Ja, im Bett, vom Mond beleuchtet, lag die zergrinste Larve meines Herrn, aus einem kleinen weißen Haus herausschauend; gräulich; ich wußte gar nicht, welches mein Herr war; das zerknitterte Zeug am Sofa, oder das Käs-Gesicht im Bett. Können diese Kerle Zweiteilungen vornehmen? Wie die Schlangen? Welches unerhörte Geschlecht! –

[...]

Aus dem letzten Monat finde ich beim Zusammenzählen: 12 Stockhiebe; 25 Fußtritte; 6mal Prügel und Püffe mit der Faust oder Hand; 3mal furchtbaren Durst leiden müssen; 1mal steinharte, abgenagte Knochen; 35mal »Ei di di di di di di das schöne Hunderl!« ca. 40mal »A dä dä dä dä dä dä das schwarze Dackerl!«. Auf meiner Seite, der Leistungen, stehen: 120 Beleckungen; 370 Beriechungen; 500 Schweifwedeleien, und an die 699 Speichelleckereien. – Ein Jeder schlägt sich eben durch, wie er kann! –

Grenzüberschreitung

JOHANN WOLFGANG GOETHE

Wundern kann es mich nicht, daß Menschen die Hunde
    so lieben;
  denn ein erbärmlicher Schuft ist, wie der Mensch, so
  der Hund.

Epigramme. Venedig 1790. Nr. 73

ARTHUR SCHOPENHAUER

Wundern darf es mich nicht, daß manche die Hunde
    verläumden
  Denn es beschämet zu oft leider den Menschen
  der Hund.

Antistrophe zum 73. Venetianischen Epigramme

Olaf Gulbransson: Der vornehme Hund

Protokoll einer Transplantation

Versuchshund, ungefähr zwei Jahre alt. Rüde. Rasse: Mischling. Name: Moppel. Fell dünn, zottig, bräunlich mit Flecken. Schwanz gelblich weiß. An der rechten Flanke Narben einer völlig geheilten Verbrennung. Ernährung schlecht, bevor er zu dem Professor kam, dann nach einer Woche sehr wohlgenährt – Gewicht acht Kilo! Herz, Lunge, Magen, Temperatur...

23. Dezember. Um 8.30 Uhr abends führte Professor Preobrashenskij erstmalig in Europa folgende Operation durch: unter Chloroformnarkose wurden Moppels Hoden entfernt und statt dessen menschliche Hoden nebst Samenleitern eingepflanzt, die von einem vier Stunden und vier Minuten vor der Operation gestorbenen achtundzwanzigjährigen Mann stammten und in einer sterilen Salzlösung nach Preobrashenskij aufbewahrt worden waren.
Unmittelbar darauf wurde nach Trepanation die Hypophyse des Hundes entfernt und durch die des oben erwähnten Mannes ersetzt.

Bei der Operation wurden benötigt: acht Kubik Chloroform, eine Spritze Kampfer, zwei Spritzen Adrenalin.
Angaben zur Operation: der Professor führte dieses Experiment durch, um die Frage zu klären, ob man die Hypophyse transplantieren kann und ferner, um festzustellen, ob sie einen Einfluß auf die Verjüngung des menschlichen Organismus hat.

Die Operation wurde von Professor F. F. Preobrashenskij durchgeführt. Assistent: Dr. I. A. Bormental.

In der Nacht nach der Operation wiederholtes alarmierendes Nachlassen des Pulses, lethaler Ausgang erwartet. Starke Dosen Kampfer nach Preobrashenskij.

24. Dezember. Am Morgen leichte Besserung. Atem stark beschleunigt, Temperatur 42. Kampfer, Koffein subkutan.

25. Dezember. Wieder Verschlechterung. Puls kaum spürbar, Erkalten der Extremitäten, Pupillen reagieren nicht. Adrenalin, Kampfer nach Preobrashenskij, Kochsalzlösung in Vene.

26. Dezember. Leichte Besserung. Puls 180, Atem 92, Temperatur 41. Kampfer, künstliche Ernährung.

27. Dezember. Puls 152, Atem 50, Temperatur 39,8, Pupillen reagieren. Kampfer subkutan.

28. Dezember. Bedeutende Besserung. Mittags plötzlich Schweißausbruch, Temperatur 37. Operationswunden in gleichem Zustand, Verbandwechsel. Appetit. Flüssige Nahrung.

29. Dezember. Haare auf der Stirn und an den Flanken beginnen auszufallen. Zur Konsultation zugezogen: Professor Wasilij Wasiljewitsch Bundarew, Ordinarius der Dermatologie, und der Direktor des Moskauer tierärztlichen Instituts. Sie sagten, ein solcher Fall sei bisher in

der Literatur nicht beschrieben worden. Diagnose steht noch nicht fest. Temperatur...

(Mit Bleistift geschrieben):
Heute bellte er zum erstenmal (8.15 Uhr abends). Seine Stimme hat sich auffallend verändert, ist tiefer geworden. Das Bellen klingt nicht wie »wau-wau«, sondern wie »a-o« und erinnert entfernt an ein Stöhnen.

30. Dezember. Starker Haarausfall am ganzen Körper. Erstaunliches Ergebnis beim Wiegen – 30 Kilo Gewicht infolge Wachsens (Verlängerung) der Knochen. Der Hund liegt noch immer.

31. Dezember. Kolossaler Appetit.
(Hier ein Klecks in dem Heft. Dann hastig hingeschrieben):
Um 12.12 Uhr mittags bellte der Hund deutlich: A-b-yr.

(Im Heft ein Zwischenraum, dann falsches Datum eingetragen, offenbar vor Aufregung.)

1. Dezember (durchgestrichen, korrigiert) 1. Januar 1925. Am Morgen wurde er photographiert. Er bellt glücklich »Abyr« und wiederholt dieses Wort sehr laut und offensichtlich erfreut. Um 3 Uhr nachmittags lachte er (mit Großbuchstaben geschrieben), worauf das Hausmädchen Sina in Ohnmacht fiel. Abends sagte er achtmal hintereinander die Worte »Abyr-walg« und »Abyr«. (Mit Bleistift hingekritzelt): der Professor hat das Wort »Abyr-walg« entziffert, es bedeutet »Glawryba« ... Ungeheuerlich...

2. Januar. Als er lächelte, nahm ich ihn bei Blitzlicht auf. Er stand aus dem Bett auf und ging eine halbe Stunde recht sicher auf den Hinterbeinen. Er ist fast so groß wie ich.

(Auf einem eingelegten Blatt):

Die russische Wissenschaft hätte beinahe einen schweren Verlust erlitten: um 1.13 Uhr hatte der Professor eine tiefe Ohnmacht. Beim Fallen schlug er mit dem Kopf gegen eine Stuhlkante. Der Hund hatte in meinem und Sinas Beisein Professor Preobrashenskij unflätig beschimpft.

6. Januar (teils mit Bleistift, teils mit violetter Tinte):

Heute fiel ihm der Schwanz ab. Danach sagte er ganz deutlich das Wort »Wirtshaus«. Der Phonograph ist ununterbrochen in Betrieb. Weiß der Teufel, was das ist.

Ich bin fassungslos.

Der Professor hat seine Sprechstunde abgesagt. Ab 5 Uhr nachmittags hört man aus dem Untersuchungszimmer, wo dieses Geschöpf herumläuft, ganz deutlich vulgäres Geschimpfe und die Worte: »Noch einen!«

7. Januar. Er spricht sehr viele Wörter: »Kutscher«, »Besetzt«, »Abendzeitung«, »das beste Geschenk für Kinder« und sämtliche Schimpfwörter, die in der russischen Sprache existieren.

Er sieht sehr merkwürdig aus. Nur sein Kopf, sein Kinn und die Brust sind noch behaart, sonst ist er kahl. Welke Haut. Die Geschlechtsorgane bilden sich stärker heraus. Der Schädel ist bedeutend größer geworden. Stirn fliehend und niedrig.

Bei Gott, ich werde verrückt.

Filipp Filippowitsch fühlt sich noch immer nicht wohl. Ich führe die Beobachtungen (Phonograph, photographieren) fast allein durch.

In der Stadt gehen Gerüchte.

Unglaubliche Folgen. Heute wimmelte die Gasse von Müßiggängern und alten Weibern. Die Gaffer stehen noch jetzt drunten vor den Fenstern. In der Morgenzeitung erschien eine seltsame Notiz: »Die Gerüchte über den Marsmenschen in der Obuchow-Gasse sind völlig unbegründet. Sie wurden von den Händlern von der Sucharewka verbreitet und werden streng bestraft werden.« Ein Marsmensch! Zum Teufel! So ein Blödsinn.

Noch schöner: In der »Abendzeitung« steht, ein Kind sei mit einer Geige auf die Welt gekommen. Darunter eine Zeichnung – die Geige, und ein Photo von mir mit der Unterschrift: »Professor Preobrashenskij, der der Mutter einen Kaiserschnitt machte.« Das ist unbeschreiblich... Er sagte ein neues Wort: »Milizionär«.

Wie sich herausstellte, ist Darja Petrowna in mich verliebt und hat mein Photo aus dem Album Filipp Filippowitschs geklaut. Als er die Reporter hinauswarf, ging einer von ihnen in die Küche und so weiter.

Unglaublich, was während der Sprechstunde hier los ist! Heute zweiundachtzig Anrufe! Das Telephon ist abgestellt. Die kinderlosen Damen sind völlig übergeschnappt und kommen in Massen...

Das ganze Hauskomitee mit Schwonder an der Spitze erschien – warum, wußten sie selber nicht.

8. Januar. Spät abends wurde die Diagnose gestellt. Filipp Filippowitsch gab wie ein echter Gelehrter seinen Irrtum zu: die dem Hund eingepflanzte Hypophyse bewirkt keine Verjüngung, sondern eine völlige Vermenschlichung (dreimal unterstrichen). Dadurch wird die Bedeutung seiner erstaunlichen, erschütternden Entdeckung jedoch nicht geringer.

Heute ging er zum erstenmal durch die Wohnung. Im Korridor betrachtete er lachend die elektrische Lampe. Dann ging er von Filipp Filippowitsch und mir begleitet ins Arbeitszimmer. Er geht sehr sicher auf den Hinter (durchgestrichen) – er geht sehr sicher und sieht aus wie ein kleiner, schlecht gebauter Mann.
Er lachte im Arbeitszimmer. Sein Lachen ist unangenehm und unnatürlich. Dann kratzte er sich am Genick, sah sich im Zimmer um und sagte sehr deutlich ein neues Wort, das ich sofort notierte: »Bourgeois«. Er schimpfte ununterbrochen. Dieses Geschimpfe ist methodisch und offensichtlich völlig sinnlos. Es ist, als gäbe dieses Geschöpf Schimpfwörter von sich, die es früher irgendwo gehört und automatisch und unbewußt registriert hat. Im übrigen bin ich kein Psychiater, verdammt noch mal! Filipp Filippowitsch empfindet diese Schimpferei als sehr störend. Es gibt Augenblicke, in denen er nicht mehr imstande ist, dieses neue Phänomen kühl zu beobachten, und die Geduld verliert. Er schrie dieses Geschöpf an: »Hör auf!« Aber das nützte nichts.
Nach dem Besuch im Arbeitszimmer wurde Moppel mit vereinten Kräften ins Ordinationszimmer geschafft.

Danach hatten Filipp Filippowitsch und ich eine kurze Beratung. Ich muß gestehen, daß ich diesen so sicheren und überaus klugen Mann noch nie derart verwirrt gesehen habe. Er summte nach seiner Gewohnheit vor sich hin und fragte: »Was sollen wir denn jetzt machen?« Und antwortete: »Ins Konfektionsgeschäft ... von Sevilla nach Granada. Jawohl, verehrter Doktor...« Ich begriff nicht, was er meinte. Er erklärte: »Ich bitte Sie, Iwan Arnoldowitsch, kaufen Sie ihm Unterwäsche, Hosen und eine Jacke.«

9. Januar. Er lernt alle fünf Minuten (im Durchschnitt) ein neues Wort, seit heute früh auch neue Sätze. Sie waren gleichsam in seinem Bewußtsein eingefroren, tauen auf und kommen heraus. Einmal ausgesprochene Wörter vergißt er nicht, sondern gebraucht sie immer wieder. Seit gestern abend habe ich mit dem Phonographen aufgezeichnet: »Schubs mich nicht«, »Halunke«, »Runter vom Trittbrett«, »Ich werd dir geben«, »Die Anerkennung Amerikas«, »Spirituskocher«.

10. Januar. Er wurde eingekleidet. Das Unterhemd ließ er sich ohne weiteres anziehen, er lachte sogar. Gegen die Unterhose protestierte er mit heiserem Geschrei: »Der Reihe nach, ihr Hundesöhne, der Reihe nach!« Er wurde angezogen. Die Socken sind ihm zu groß.
(In dem Heft einige schematische Zeichnungen, die aller Wahrscheinlichkeit nach die Verwandlung einer Hundepfote in einen menschlichen Fuß darstellen.)
Der hintere Teil des Fußknochens wird länger, ebenso die Zehen. Krallen.
Wiederholte systematische Versuche, ihn an die Benutzung der Toilette zu gewöhnen. Das Dienstmädchen ist völlig deprimiert.

Man muß die Gelehrigkeit dieses Geschöpfes unbedingt hervorheben. Die Sache klappt allmählich.

11. Januar. Er hat sich mit seinen Hosen abgefunden. Sagte einen langen, lustigen Satz: »Gib mir 'ne Zigarette, Mann, du hast gestreifte Hosen an.«
Die Wolle auf dem Kopf ist dünn, seidig, man kann sie leicht mit Haaren verwechseln. Die Flecken an der Schläfe sind nicht verschwunden. Heute fiel der letzte Flaum an den Ohren aus. Kolossaler Appetit. Er frißt mit Begeisterung Heringe.
Um 5 Uhr nachmittags ein großes Ereignis: das Geschöpf sagte zum erstenmal Worte, die eine Reaktion auf Phänomene in seiner Umgebung waren. Als der Professor ihm befahl: »Wirf die Abfälle nicht auf den Fußboden!« antwortete es plötzlich: »Laß mich in Ruhe, du Laus!«
Filipp Filippowitsch war baff, faßte sich dann aber rasch und sagte:
»Wenn du dir noch einmal erlaubst, mich oder den Doktor zu beschimpfen, dann bekommst du eine ab!«
Ich photographierte Moppel in diesem Augenblick. Ich wette, daß er die Worte des Professors verstand. Er zog ein finsteres Gesicht und sah den Professor ziemlich wütend an, muckste sich aber nicht.
Hurra, er versteht!

12. Januar. Er steckte die Hände in die Hosentaschen. Wir versuchen, ihm das Schimpfen abzugewöhnen. Er pfiff: »Ach Äpfelchen, wo rollst du hin?« Man kann sich mit ihm unterhalten. Ich kann nicht umhin, einige Hypothesen aufzustellen – zum Teufel mit der Verjüngung, etwas anderes ist viel wichtiger: durch das erstaunliche Experiment Professor Preobrashenskijs wurde eines der

Geheimnisse des menschlichen Gehirns entdeckt. Die rätselhafte Funktion der Hypophyse, des Hirnanhangs, ist nun klar. Sie bestimmt das menschliche Wesen. Ihre Hormone kann man die wichtigsten Hormone des ganzen Organismus nennen – wesensbestimmende Hormone. In der Wissenschaft tut sich ein neues Gebiet auf: ohne alle Retorten Fausts wurde ein Homunkulus geschaffen. Das Skalpell eines Chirurgen rief einen neuen Menschentypus ins Leben. »Professor Preobraschenskij, Sie sind wahrhaft schöpferisch!« (Ein Klecks.)
Übrigens, ich bin abgeschweift. Man kann sich also mit ihm unterhalten. Meiner Ansicht nach verhält sich die Sache so: die Hypophyse hat das Sprachzentrum im Gehirn des Hundes aktiviert, und nun sprudeln die Worte wie eine Quelle hervor. Meiner Meinung nach haben wir ein erwachendes, sich entfaltendes, nicht aber ein neu geschaffenes Gehirn vor uns. O wunderbare Bestätigung der Evolutionstheorie! Oh, die große Kette von dem Hund bis zu dem Chemiker Mendelejew! Noch eine Hypothese: das Gehirn Moppels hat während seines Hundedaseins eine Unmenge Begriffe gespeichert. Sämtliche Worte, die er besonders oft gebraucht, sind Gassenwörter, er hat sie einmal gehört und sich eingeprägt. Wenn ich jetzt durch die Straßen gehe, sehe ich alle Hunde, die mir begegnen, mit geheimem Entsetzen an. Gott weiß, was in ihren Gehirnen verborgen ist!

Moppel hat gelesen. Gelesen!!! Ich habe es erraten. An »Glawryba«. Er las von hinten nach vorn. Ich weiß sogar, womit das zu erklären ist: mit dem Bau der Sehnerven des Hundes.

Was in Moskau passiert, das geht über einen menschlichen Verstand. Sieben Händler von der Sucharewka sitzen bereits, weil sie das Gerücht verbreiteten, wegen der Bolschewiken werde das Jüngste Gericht kommen. Darja Petrowna weiß sogar schon das Datum: am 28. November 1925, am Tag des heiligen Märtyrers Stephan, wird die Erde mit der Himmelsachse zusammenstoßen ... Irgendwelche Schwindler halten bereits Vorträge. Und alles wegen dieser Hypophyse! Es ist zum Davonlaufen. Der Professor bat mich, zu ihm überzusiedeln, und ich schlafe jetzt mit Moppel im Wartezimmer. Schwonder hat recht behalten. Das Hauskomitee benimmt sich scheußlich. Alle Glastüren der Schränke sind entzwei, weil er daran hochgesprungen ist. Wir konnten ihm das nur mit Mühe abgewöhnen.

Mit Filipp Filippowitsch geht etwas Seltsames vor. Als ich ihm von meinen Hypothesen erzählte und sagte, man könne Moppel vielleicht zu einer psychisch hochstehenden Persönlichkeit entwickeln, schnaufte er und antwortete: »Meinen Sie?« Sein Ton war unheilverkündend. Habe ich mich wirklich getäuscht? Der Alte hat irgend etwas vor. Während ich mich mit der Krankengeschichte herumplage, sitzt er da und studiert die Geschichte des Mannes, von dem die Hypophyse stammt.

(Auf einem eingelegten Blatt):
Klim Grigorjewitsch Tschugunkin, achtundzwanzig Jahre, ledig. Nicht in der Partei, Sympatisierender. Dreimal angeklagt und freigesprochen, das erstemal mangels Beweisen, das zweitemal rettete ihn seine Herkunft, das drittemal wurde er zu fünfzehn Jahren Zuchthaus mit Strafaussetzung verurteilt. Diebstähle. Beruf: Balaleika-

spieler in Wirtshäusern. Äußeres: klein, schlecht gebaut. Leber vergrößert (Alkohol). Todesursache: Messerstich ins Herz in der Kneipe »Stoppsignal« am Preobrashenskij-Tor.

Der Alte sitzt ununterbrochen an der Krankengeschichte Klims. Ich verstehe nicht, was los ist. Er brummte, ich sei nicht darauf gekommen, mir in der Anatomie die ganze Leiche Tschugunkins anzusehen. Ich verstehe nicht, was er damit meint. Ist es nicht vollkommen gleichgültig, von wem die Hypophyse stammt?

17. Januar. Ich konnte einige Tage keine Eintragungen machen – ich hatte Influenza. In dieser Zeit hat sich seine Gestalt endgültig herausgebildet.
1. Seinem Körperbau nach ist er ein richtiger Mensch.
2. Gewicht ungefähr 50 Kilo.
3. Kleinwüchsig.
4. Kleiner Kopf.
5. Er raucht.
6. Er ißt menschliche Nahrung.
7. Er zieht sich selbständig an.
8. Er unterhält sich fließend.

Das also bewirkt die Hypophyse (Klecks).
Hiermit schließe ich die Krankengeschichte ab. Wir haben einen neuen Organismus vor uns und wir müssen ihn von Anfang an beobachten.
Anlagen: stenographische und phonographische Aufzeichnungen seiner Worte, Photographien.

Gérard Grandville: Das Tier steigt zum Menschen auf

LUIGI MALERBA

Der zweibeinige Hund

Ein Hund war am Tiberufer in eine Straßenbahn gerannt und hatte beide Vorderbeine verloren. Er entwickelte einen großen Minderwertigkeitskomplex den anderen Hunden gegenüber, weil er nun gezwungen war, aufrecht auf seinen Hinterbeinen zu gehen.

Als er merkte, daß die Menschen auch auf den Hinterbeinen gehen und keinerlei Komplexe gegenüber den Hunden haben, band er sich eine Krawatte um und zog eine Hose an, um seinen Schwanz zu verstecken. Dann begann er, mit den Menschen zu verkehren statt mit den Hunden.

Die Menschen hielten ihn für einen Menschen und behandelten ihn hundsmiserabel – so wie sie es für gewöhnlich untereinander tun. Der Hund war glücklich und lebte weiter unter den Menschen und wurde von allen behandelt wie ein Hund.

ANDRZEJ SZCZYPIORSKI

Auch eine Metamorphose

Als der liebe Wagenbach, genannt ›unser lieber Benno‹,
mir befahl, auf allen vieren zu laufen und zu bellen, hatte
ich keine Konflikte. Bei zweihundert Kalorien täglich
kriechen alle Konflikte in den Bauch. Benno Wagenbach
mochte mich nicht leiden, denn eines Tages, als er einen
Holländer mit dem Holzschemel schlug, hatte ich ihm
gesagt, er solle dies nicht tun. Alle erstarrten, denn ich
allein bildete mir ein, Benno Wagenbach könnte lassen,
wozu er doch Lust hatte. Ja, also das bildete ich mir ein,
und aus diesem Anlaß machte ›unser lieber Benno‹ aus
mir einen Hund. Er befahl mir, auf allen Vieren zu laufen, zu bellen und das Bein zu heben. Ich tat dies ohne
Protest, doch als er mich anwies zu pinkeln und ich nicht
pinkeln konnte, weil ich in Wirklichkeit gar kein Hund
war und meine Blase anders beschaffen war, ich würde
sagen – mit weniger Finessen, mit einer kleineren Spanne
der Willkür und einer gewissen Einschränkung des Ge-
horsams vor dem Willen, selbst dann, wenn es ein so
mächtiger Wille war wie der des Benno Wagenbach und
des Tausendjährigen Reiches, als ich also auf seine aus-
drückliche Weisung hin zu pinkeln nicht in der Lage war,
schlug er mich außerordentlich grausam. Doch dies hatte
mich gerettet, weil ›unser lieber Benno‹ die Lust an weiteren Experimenten verlor. Sicherlich erlebte er die er-
schütternde Offenbarung, daß nämlich eine Grenze be-
steht, jenseits derer, sein, Wagenbachs, Wille die Welt
nicht mehr gestaltet. Er konnte mich zwar erschlagen,
aber er konnte nicht bewirken, daß ich auf seine Weisung

hin pinkeln konnte. Seit jenem Tag wurde Wagenbach trübsinnig und sanfter; als schließlich das Reich unterging, hatte er keine Hoffnung mehr und ließ sich von den Russen festnehmen.

Ich aber hatte damals nicht einen Augenblick lang den Eindruck, daß ich sterben würde. Überhaupt nahm ich weder Wagenbachs Gewalt noch meine eigene Zerbrechlichkeit zur Kenntnis. Als er den jungen Burschen aus Holland mit dem Holzschemel schlug, habe ich es als notwendig erachtet, eine Erklärung abzugeben, die unter jenen Umständen eher unpassend klang. Immerhin hatten sie mich gegen Abend abgeholt, ich las damals Thomas Mann – das war mein Verderben. Jede Lektüre hat ihre richtige Zeit – man soll nicht dem Kammerton der Freiheit lauschen, wenn um uns herum Bomben explodieren und der Lärm der Exekutionen verhallt. Also, Wagenbach schien mir auf eigentümliche Art den Mann'schen Gestalten verwandt, sogar hanseatisch, seine Gesichtszüge bezeugten eine uralte Kultur, er hatte zarte Hände, einen Blick voller Neugierde, und in der Tiefe seiner Seele konnte er wohl all diese seine Kumpane nicht ausstehen, die dem Nationalsozialismus zugelaufen sind aus den dunklen Ecken der Erniedrigung, des Elends, der Primitivität. Bis heute bin ich überzeugt, daß ›unser lieber Benno‹ zufällig zu Hitlers Scharen gestoßen war, fasziniert – wie viele andere auch – von der Brutalität, der Kraft und dem Gestank verschwitzter Füße in braunen Fußlappen.

Ebenso wie die überwältigende Mehrheit aller Menschen war Wagenbach ziemlich schwach, und deshalb imponierte ihm die Gewalt. Aber er hatte Abstand bewahrt, denn er hielt die Gewalt für etwas Beschämendes und wußte, daß sie ihre Grenzen hat, jenseits derer sie sich als ebenso hilflos, schwach und zerbrechlich erweist wie er selbst. Als er also diesen holländischen Jungen schlug, habe ich ihm erklärt, übrigens äußerst behutsam, er möge es doch lassen, denn es sei gemein oder irgend etwas Ähnliches. Ich habe dafür keine Beweise, aber ich bin zutiefst überzeugt, daß Wagenbach damals dem Tode nahe war. Wenn er jene hanseatische Vergangenheit der Mann'schen Helden hatte, so meine ich, ist sie ihm damals an den Hals gesprungen wie ein tollwütiger Hund. Einen Augenblick lang schwieg er, dann fragte er, ob ich anstelle jenes Holländers geschlagen werden wolle. Ich antwortete, ich wolle gar nicht geschlagen werden, und diese Auffassung erläuterte ich, indem ich hinzufügte, es gäbe überhaupt keinen Grund, aus dem irgend jemand geschlagen werden sollte. Die sieben Leute, die damals zuhörten, hatten mir bereits alle Sünden verziehen, von mir Abschied genommen, meinen Körper abgewaschen, in den Sarg gelegt, in die Erde versenkt, sie hatten sich meiner erinnert in den Erzählungen aus der Kriegszeit, hatten ihren Enkeln berichtet, wie ich wahnsinnig geworden sei und Wagenbach Vorhaltungen gemacht habe, wie sie mir meine Sünden verziehen und von mir Abschied genommen hatten, meinen Körper abgewaschen und in den Sarg gelegt – und während sie dies in tiefer Andacht taten, erdachte Wagenbach voller Ungeduld hundert Todesarten für mich, verwarf sie nacheinander, bis ihm schließlich die alberne Idee übrigblieb, mich in einen Hund zu verwandeln. Und darin war auch etwas Besonderes, nur ›unser lieber Benno‹ konnte auf solch einen Gedanken kommen, kein anderer SS-Mann, nur er, denn darin lag etwas Märchenhaftes, etwas von den literarischen Traditionen, vielleicht von den Brüdern Grimm und vielleicht sogar von Lessing oder Herder, jedenfalls eine originelle Idee, immerhin eine Metamorphose, eine ausgefallene Feinheit und nicht eine Primitivität in der Art des Schädeleinschlagens mit dem Pistolengriff. Wagenbach hat uns damals sein Gesicht gezeigt, aber vielleicht habe nur ich es bemerkt. Wenn irgend etwas in Hitlers Ideologie ›unseren lieben Benno‹ anzog, dann war es wohl eben diese Irrationalität. Wagenbach konnte zwar keinen Frosch in eine Prinzessin, wohl aber mich in einen Hund verwandeln.

Mit diesem simplen Verhältnis unserer Abhängigkeit gab er sich übrigens nicht zufrieden, sondern machte mich zum Hund in einer – wenn man so sagen darf – totalen Weise. In jener Ära, als ich sein Hund war, war ich ein Hund für alle um uns herum. In diesem Maße konnte er seinen Willen aufzwingen; und jener holländische Junge, der mittelbar der Grund meiner Metamorphose war, ebenso die übrigen Gefangenen akzeptierten bereitwillig das Wunder jener Verwandlung, das Wagenbach vollzogen hatte. Er konnte dieses Phantasiebild nicht aufrechterhalten ohne den Anteil anderer Menschen. Meine Hundeexistenz wurde dann wirklich hundemäßig, wenn auch andere, nicht nur ›unser lieber Benno‹, sie zur Realität machten. So schnalzte der holländische Junge, und ich kam zu ihm gelaufen. Zwei andere in unserer Stube zausten mit den Fingern mein lockiges Fell am Kopf, kraulten mich zwischen den Schultern und hinterm Ohr. Dabei knurrte ich zufrieden. Selbst wenn sich Wagenbach für eine Viertelstunde entfernte, gaben mir die Menschen meinen menschlichen Stand nicht zurück. Aber auch ich blieb auf allen vieren und versuchte sogar, die Wände zu begießen, wozu mich die Umwelt bewegte. »Van Nigge, bring Wasser, rasch! Mag er sich vollsaufen, dann fällt es ihm nicht schwer.

Beweg dich, Van Nigge, er muß doch jetzt ziemlich viel trinken...«

Sie sprachen überhaupt nicht zu mir, sondern unterhielten sich miteinander, und Van Nigge, der rasch nach Wasser lief, tätschelte im Vorbeigehen zärtlich meinen Hundekopf. Als ich Wasser trank, rief jemand: »Seht mal, er ist ganz außer Puste!« Wagenbach kam zurück und wies sie scharf zurecht. – »Mein Hund trinkt nur zweimal täglich Wasser. Morgens und abends. Er ist ein Rassehund, den ich gegen solche, wie ihr seid, dressiere. Und jeden, der sich ihm nähert, werde ich in die Schnauze hauen. Das ist aber gar nicht nötig, denn mein Hund springt jedem an die Gurgel...«

Ich konnte nicht pinkeln, und damit war das Märchen zu Ende. Aber ich war die ganze Zeit davon überzeugt, daß ich diesen Hund überdauern würde. Und Wagenbach auch. Ich habe den Tod nicht gefürchtet, ich dachte nicht daran. Ein Hund spürt genau, wann er sterben muß.

Der Gedanke kam mir unter ganz anderen Umständen. Wir waren in den Bergen. Kein anstrengender Spaziergang. Eigentlich hatten wir das Ziel schon erreicht, denn vor uns lag in der Sonne die Berghütte. Da dachte ich plötzlich voller Verzweiflung, daß sie allein bleiben muß, wenn ich sterbe.

Hundeköpfiges Fabelwesen. Aus der Schedelschen Weltchronik

Der Hund als Fabelwesen

PHAEDRUS

Der Wolf und der Hund

Wie süß die Freiheit ist, will ich jetzt kurz berichten,
  Bei einem allzu fetten Hund kam einst durch Zufall
Ein magrer Wolf vorbei; sie grüßten gegenseitig
Und blieben stehn: »Wovon bist du so wohlgenährt?
Von welcher Speise hast du solchen Körperumfang?
Ich, der ich doch weit tapfrer bin, muß Hungers
      sterben.«
Treuherzig sprach der Hund: »Auch du kannst dies
      erreichen,
Wenn du es über dich vermagst, gleich mir zu dienen.«
»Wie das?« fragt jener. – »Wenn du an der Schwelle
      wachest
Und deines Herren Haus bei Nacht vor Dieben
      schützest.«
»Dazu bin ich bereit: jetzt muß ich Schnee und Regen
Ertragen, in dem Wald mein schweres Dasein fristend.
Viel besser ist's für mich, im sichren Haus zu leben
Und mich in süßer Ruh' an schöner Speis' zu laben.«
»So komm denn mit!« – Im Gehen aber sah der Wolf
Den Hals des Hunds, von einer Kette ganz zerschunden.
»Woher ist dies, mein Freund?« – »Ist nichts.« – »Oh,
      sag mir's doch.«
»Weil ich für bissig gelt, lieg ich des Tags am Strick,

237

Daß ich bei Tageslicht ruhe und zur Nachtzeit wache.
Doch wenn ich los bin, schwärm ich hin, wo's mir
  beliebt.
Von allen Seiten bringt man Brot; von seinem Tische
Gibt mir der Herr die Knochen und die Dienerschaft
Und manche andre werfen mir die Zukost zu.
So wird mein Bauch ohn' jede Mühe angefüllt.«
»Wohlan, ist dir's gestattet, überall zu gehen?«
»Bei weitem nicht.« – »Genieße, was du lobst, o Hund,
Nicht König möcht' ich sein auf Kosten meiner
  Freiheit.«

Der Hofhund

Einst lebte ein mächtiger Herr, der bot den Gästen alles in Fülle, was ihnen Freude machte. Er hatte erreicht, daß er in den höchsten Tönen gelobt wurde, wo man über ihn sprach. Er besaß einen Hovawart, der hohe Sprünge vollführen konnte: niemand brauchte ihn dazu zu zwingen, er verdiente damit sein Futter. Hielt jemand ihm den Arm hin, dann sprang er sofort darüber – so wurde der Hund weithin berühmt.

Eines Tages trafen viele Gäste ein, da mußte er seine Kunst vorführen. Er sprang so lange, bis er müde wurde. Als er nun nicht mehr springen wollte, begann man ihn zu zwingen. Als ihn einer gezwungen hatte, seinen Arm zu überspringen, da zwang ihn auch ein zweiter. Dies geschah so oft, daß er schließlich aufgab, ihnen alles abschlug und für niemanden mehr springen wollte, wie man ihn deshalb auch quälte.

In derselben Weise verhält sich ein freigebiger Mensch: er mag noch so freigebig sein, seine Freigebigkeit wird ihn verdrießen, wenn man sich ihm zu sehr aufdrängt. Wer ihn von früh bis spät aus Habgier bedrängt, bringt ihn dazu, seine Gabe und jenes Habgier für zu groß zu halten und ihm schließlich alles abzuschlagen. Wenn er auch gerne freigebig wäre, so verhärten die Habgierigen doch seinen guten Willen so sehr, daß er sich am Ende so verhält wie der Hovawart, den man so lange zu springen zwang, bis er für niemanden mehr sprang.

Der Hofhund. Miniatur aus dem Codex FB 32001

Hund mit Fleisch im Wasser.
Aus der Werkstatt Lucas Cranachs d. Ä.

MARTIN LUTHER

Geiz

Vom Hunde im Wasser

Es lief ein Hund durch einen Wasserstrom und hatte ein Stück Fleisch im Maule. Als er aber den Schemen vom Fleisch im Wasser siehet, wähnet er, es wäre auch Fleisch, und schnappet gierig darnach. Da er aber das

Maul auftat, entfiel ihm das Stück Fleisch, und das Wasser führets weg. Also verlor er beide, das Fleisch und Schemen.

Lehre

Man soll sich genügen lassen an dem, das Gott gibt. Wer das Wenige verschmähet, dem wird das Größere nicht. Wer zu viel haben will, der behält zuletzt nichts. Mancher verlieret das Gewisse über dem Ungewissen.

MATTHIAS CLAUDIUS

Der große und der kleine Hund,
oder Packan und Alard

Ein kleiner Hund, der lange nichts gerochen
  Und Hunger hatte, traf es nun
Und fand sich einen schönen Knochen
  Und nagte herzlich dran, wie Hunde denn wohl tun.

Ein großer nahm sein wahr von fern:
  »Der muß da was zum Besten haben,
Ich fresse auch dergleichen gern;
  Will doch des Wegs einmal hintraben.«

Alard, der ihn des Weges kommen sah,
  Fand es nicht ratsam, daß er weilte;
  Und lief betrübt davon, und heulte,

Und seinen Knochen ließ er da.
Und Packan kam in vollem Lauf
Und fraß den ganzen Knochen auf.

Ende der Fabel

»Und die Moral?« Wer hat davon gesprochen? –
Gar keine! Leser, bist du toll?
Denn welcher arme Mann nagt wohl an einem Knochen,
Und welcher reiche nähm ihn wohl?

EDWIN HOERNLE

Pudel und Schnauzer

Die Hunde waren es müde, den Menschen zu gehorchen. Sie wollten fortan frei sein wie die Wölfe des Waldes. Darum traten sie in einer mondhellen Nacht zusammen und berieten, was zu tun sei. »Krieg dem Menschen!« riefen sie einstimmig; aber wie dieser Krieg zu führen sei, darüber gab es geteilte Stimmen.

Nach langem Hin und Her ergriff der gelehrige Pudel das Wort. »Ihr Hunde«, rief er, »betrachtet euch die Menschen! Wodurch sind sie mächtig geworden, wenn nicht durch die Weisheit ihrer Einrichtungen und Werkzeuge? Mit ihnen haben sie unsre Väter überlistet und gezähmt, mit ihnen legen sie uns an die Kette, mit ihnen halten sie, die von Natur schwächer sind, uns in steter Furcht und Unterwürfigkeit. Was folgt daraus, ihr Hunde? – Daß auch wir lernen müssen, uns wie sie zu benehmen, wie sie jene Werkzeuge und Einrichtungen zu gebrauchen. Beweisen wir ihnen, daß wir ebenbürtig sind. Sie werden uns achten, fürchten und uns schließlich die Gleichberechtigung nicht versagen.«

Die Hunde waren mit den Ausführungen des Pudels einverstanden. »Er hat recht, wie sehr hat er recht!« heulte der Chorus. »Der Pudel sei unser Führer!«

Das große Ansehen des Pudels verdroß den Schnauzer. »Ich bin nur ein einfacher Stallhund«, knurrte er, »ich gehe lieber einen kurzen, geraden Weg.«

»So sag uns auch du deine Meinung«, riefen die Hunde.

Der Schnauzer warf sich in die Brust und fletschte die Zähne. »Ich bin nur ein einfacher Stallhund«, begann er, »und verstehe mich nicht auf die Künste des Pudels. Dafür habe ich aber ein scharfes Gebiß und einen ausgeprägten guten Hundeinstinkt. Darauf verlasse ich mich. Oder glaubt ihr denn, werte Mithunde, die Menschen werden des Pudels Absicht nicht merken und beizeiten ihn daran hindern, sie zu verwirklichen?«

Triumphierend sah sich der Schnauzer um. »Er hat nicht ganz unrecht«, brummte eine erfahrene Dogge.

»Ganz gewiß werden die Menschen das tun«, fuhr der Schnauzer fort, »oder meint ihr, sie sperren uns umsonst in elende Hundehütten, während sie selbst in warmen, gemächlichen Häusern wohnen? Nein, ihr Hunde, nie werden die Menschen uns gestatten, so weise und mächtig zu werden wie sie.«

Der Schnauzer machte eine Pause, um die Wirkung seiner Worte zu betrachten. Dann erhob er die Stimme. »Vertrauen wir also einzig auf unser starkes Gebiß«, rief er, »und auf unser grimmiges Maul! Zeigen wir den Menschen die Zähne!«

Die kriegerischen Worte des Schnauzers machten Eindruck. »Er hat recht, o wie sehr hat er recht«, rief der ganze Chorus der Hunde. »Der Schnauzer sei unser Führer!«

Dann trotteten alle wieder heim, jeder an seine Kette.

Die Zeit verging. Wieder versammelten sich die Hunde in einer mondhellen Nacht im Walde. »Was hast du erreicht?« fragten sie den Pudel.

Stolz sprang der Pudel in den Kreis. Er wartete auf, ging auf den Hinterfüßen, sprang durch einen Reif.

Gérard Grandville: Illustration zu einem Chanson von Béranger

»Seht, was ich für ein feiner Pudel bin«, rief er aus. »Das alles habe ich den Menschen abgelistet.«

»Und was hast du damit gewonnen?« fragten die Hunde.

»Der Mensch hat mich in sein Haus gerufen«, antwortete der Pudel, »ich esse jetzt unter seinem Tisch, ich schlafe vor seinem Bett, manchmal krault er mich hinter den Ohren und streichelt mir das Fell. Bald werde ich noch mehr erreichen.«

Bewundernd schauten die Hunde auf den Pudel. »Er spricht gut«, sagte die erfahrene Dogge, »er spricht sogar sehr gut; aber laßt uns auch den Schnauzer hören.«

Der Schnauzer trat in den Ring. »Was nützen uns die Künste des Pudels«, begann er, »solange uns täglich die Peitsche droht? Der Pudel soll es einmal wagen und seinem Herrn ein Stück Fleisch aus der Schüssel nehmen, wenn er hungrig ist. Was glaubt ihr, das der Mensch dann tun wird?«

»Er wird die Peitsche nehmen und den Pudel zur Türe hinausjagen«, riefen die Hunde.

»Ja, das wird er tun«, sagte der Schnauzer, »und noch mehr. Er wird ihn blutig schlagen trotz all seinen schönen Sprüngen, seinen Pfötchen, seinem bettelhaften Aufwarten. Ich für mein Teil würde mich schämen, die Gunst eines Menschen zu erschleichen.«

»Was sollen wir aber tun?« riefen die Hunde.

»Tun?« fragte der Schnauzer mit Bedeutung. »Wir werden uns wehren. Wir werden bellen, wenn der Mensch uns nahe tritt; will er uns anketten, so werden wir ihn in die Hand beißen, will er uns schlagen, so fahren wir ihm an die Hosen!«

Den Hunden leuchtete das ein. »Er spricht gut«, riefen die Freunde des Schnauzers, »er spricht sogar sehr gut.«

Kaum hatten sie ausgesprochen, so entstand ein gewaltiger Hader unter den Hunden. Die einen hielten es mit dem Pudel und den Kunststückchen, die andern mit dem Schnauzer und dem Beißen.

Als sie sich nicht einigen konnten, liefen sie alle nach Hause, jeder an seine Kette.

Die Zeit verrauschte, und den Hunden ging es um kein Haar besser als früher. Im Gegenteil. Der Mensch verschaffte sich eine Haselgerte, mit der er den Pudel schlug, wenn er seine Kunststückchen nicht zeigen wollte. Den ganzen Tag mußte der Pudel aufwarten, auf den Hinterfüßen gehen, durch den Reifen springen. Der Mensch schenkte ihn seinen Kindern, die hielten sich den Bauch vor Lachen. – Auch der Schnauzer hatte kein Glück. Sein Gebell machte auf den Menschen keinen Eindruck. Als er ihm gar nach der Hand schnappte, kaufte der Mensch einen Maulkorb. »Jetzt wirst du wohl artig sein, Brüderchen«, höhnte er. Dann sperrte er zur Strafe den Schnauzer in den Hof bei Regen und Kälte.

Betrübt und niedergeschlagen versammelten sich die Hunde zum drittenmal in einer mondhellen Nacht im Walde. Der Pudel hielt seinen schönsten Vortrag, aber niemand hörte mehr auf ihn. Der Schnauzer sprach von Bellen und Beißen, aber er trug den Maulkorb und machte eine lächerliche Figur. Da war nun guter Rat teuer. Die Meinungen schwirrten durcheinander. Die einen rieten zum Gebärstreik; wenn der Mensch keine Hunde mehr habe, so werde er aufhören, sie zu quälen. Andere forderten dazu auf, dem Menschen seine Bibel zu stehlen, weil er aus ihr den Glauben schöpfe, die Krone der Schöpfung zu sein.

Endlich ging man wieder auseinander, jeder an seine Kette...

Ein Wolf, der den Reden der Hunde aufmerksam zugehört hatte, schüttelte das Haupt. »Seltsam«, sagte er, »daß die Hunde soviel Zeit und Worte über Nebensachen verlieren. Sie brauchen ja nur bei uns im Walde zu bleiben, um frei zu sein.«

»Du sprichst wie ein Wolf«, spottete die Wildtaube aus einem hohen Baum. »Du bist groß geworden in Kampf und Gefahren, du freust dich der selbsterrungenen Beute. Du verstehst es auch, für deine Freiheit zu hungern, ja zu sterben. Die Hunde aber lieben ein geordnetes Leben und hingeworfene Knochen.«

»Darum sind es eben Hunde«, knurrte der Wolf und ging seiner Wege.

Clodion: Mausoleum für Ninette

In Memoriam

CHRISTIAN HOFMANN VON HOFMANNSWALDAU

Hundspossen

SO will ich auch / daß meine lieder /
Du hingelegter Rodomont /
Dem glut und muth in augen stund /
Besingen deine kalten glieder.
Nur klag ich / daß kein harzicht schwein
Hat sollen dein geferte seyn /
Und neben dir sich strecken müssen /
Daß dein und deines feindes blut
Nicht schäumig soll zusammen fliessen /
Und roth besiegeln deinen muth.

Doch weil du schienst zu seyn gebohren
Um Jupiters gezelt zu stehn /
Und durch sein donnerreich zu gehn /
Ward dir ein donner-tod erkohren /
Ein donner so aus eisen kracht /
Den schwefel und salpeter macht /
Wenn hitz und kält einander fliehen /
Schlug dein geschicktes haupt entzwey /
Wir aber wollen uns bemühen /
Daß deiner unvergessen sey.

Kommt ihr bekannten höllen-hunde /
Die kleinen reckel ruff ich nicht /
Den krafft und würdigkeit gebricht /
Heult eyfrig aus dem tieffen schlunde /
Heult traurig durch die gantze nacht /
Biß daß der himmels-hund erwacht /
Von dem die heissen tag entspriessen.
Ich weiß / er heult so gut als ihr /
Daß sich der bär wird fürchten müssen /
Und neben ihm der kühne stier.

Des Cerberus gedritten rachen
Wird auch eröffnen dieser fall /
Er soll durch ungemeinen schall
Den hof des Pluto wacker machen.
Der schwartze pförtner / den die last
Der schweren ketten hat umfast /
Wünscht Rodomonten zu empfangen.
Der ärmste fühlt beschwer und pein /
Verlangt die freyheit zu erlangen
Und Rodomonten gleich zu seyn.

Nun Rodomont spielt auff dem strande /
Da der recht edlen hunde geist
Der grossen wollust sich befleist /
In einem wunderschönen lande.
Er rennt und fühlt nicht müdigkeit /
Reich an vergnügung / arm an leid /
Schertzt mit Dianens geilen hunden /
Er ist auf bulerey bedacht /
Nur diß / was ich nicht recht befunden /
Ist / daß er keine junge macht.

Mops Epitaphium

Mops war weit glücklicher als Herr und Frau und
  Mägde;
Dieweil er seine Haut auf zarte Kissen legte
  Und ohne Sorgen schlief; das Essen stund bereit,
  Er fütterte den Bauch mit aller Zärtlichkeit.

Er fraß nicht trocken Brot, das mochte er kaum lecken;
Sein bestes Element, das Fleisch ließ er sich schmecken.
  Er schluckt es sans façon in seinen Magen nein.
  Wie muß dir jetzo Mops im Tod zu Mute sein?

Du kannst nicht wie vorhin von Kälberbraten essen,
Nun wird der dürre Tod die Höflichkeit vergessen
  Indessen, da du schläfst in deiner kühlen Gruft,
  So warte bis man dich zum Essen wieder ruft.

Erlaube, daß ich dir auf deinem Grabstein schreibe,
Hier liegt ein alter Mops so schwarz und fett vom Leibe,
  Der sich nicht modisch trug, dem schmeicheln keine
    Kunst
  Und gern was gutes fraß, schläft ewig nun und dunst.

Inschrift auf das Denkmal eines
Neufundländer Hundes

Wenn mancher stolze Mensch zur Erde kehrt,
Den Ruhm nicht nennt, den die Geburt nur ehrt,
Erschöpft der Künstler dann die Pracht der Trauer,
Die Urne nennt den Toten dem Beschauer:
Wenn alles hin, ist auf dem Grab zu lesen,
Was er sein *sollte*, nicht, was er gewesen.
Jedoch der Hund, der beste Freund im Leben,
Der freundlich stets und willig, Schutz zu geben,
Deß ehrlich Herz ergeben stets dem Herrn,
Für den er kämpft und lebt und atmet gern,
Fällt ungeehrt, verkannt, der Seele bar
Im Himmel selbst, die hier sein eigen war:
Indes der Mensch, der Wurm! hofft auf Verzeihn,
Und glaubt, der Himmel sei für ihn allein.
O schwacher Mensch! Gebieter einer Stunde,
Den Knechtschaft richtet oder Macht zu Grunde,
Wer recht dich kennt, läßt dich dem Haß zum Raub,
Du schnöde Masse von belebtem Staub!
Geil ist dein Lieben, deine Freundschaft Trug,
Dein Lächeln Heuchelei, dein Reden Lug!
Schlecht von Natur, genannt nur edel, rein,
Müßt Schamrot dir ein jedes Tier schon leihn.
Die ihr dies Denkmal schaut, entfernt euch! Keinen
Von denen ehrt's, die ihr heischt zu beweinen.
Der Stein birgt eines Freundes Reste mir;
Nur einen kannt ich – und der ruht hier.

Als Bobby starb
(22. Februar 1917)

Der große Hund ist tot. O Herz steh still,
das diese Trauerbotschaft fassen will!

Das stolze Aug, der stummen Gottheit Pfand,
das Licht der Liebe ist nun ausgebrannt.

Wie lautlos lebte er vorbei dem Streit.
Würdig und weise schritt er durch die Zeit.

Wir andern leben auf des Glaubens Grab.
Sein Auge dankte, daß es andre gab.

Die Not des Tages lehrt' ihn keine List
und nur im Traum bestand er unsern Zwist.

Oh Freude, wenn ihn seine Herrin rief!
Oh Wirrsal, wenn er ihr zu Füßen schlief.

Doch eh' er schlief, des Hundes Majestät
sich um sich selbst herum im Kreise dreht.

Wenn er die Stelle fand, hier auszuruhn,
so hatt' er es mit manchem Feind zu tun.

Mag wacher Haß die Hundeseele schelten:
im Schlaf nur lebt der Hund in unsern Welten.

Im Wachen wendet Wahn die Menschenseele,
daß sie sich um den eignen Vorteil quäle.

Kein Wort, kein Handschlag waren zu Gebote
dem Glauben je wie diese gute Pfote.

Verlorner Einfalt letztes Lebenszeichen
war dieses greisen Hunds befliß'nes Keuchen.

Nie hat der Hund die Ansicht uns verhehlt.
Er zeigt sich eifrig, hat er was verfehlt.

Was er verfehlt hat, tat ihm ehrlich leid.
Wedelnd bewährt sich Ehrenhaftigkeit.

Ein Tanz vor uns war seines Eifers Dank.
Aus Sehnsucht wird die Hundeseele krank.

Das Menschenherz kennt Hunger nur aus Haß.
Verlaß den Hund, und er verläßt den Fraß.

Dem hier ruf' nach ich's in die Ewigkeit:
Er hungerte aus einer Trennung Leid!

Nun aber, da das Schicksal sich verkehrte,
er selber uns die Sehnsucht kennen lehrte.

In Thränenschrift sei's darum aufgeschrieben:
Er ist dahin und wir sind hinterblieben!

Und abschiedsvoller schlägt mir jede Stund',
nun du noch stummer bist, du großer Hund.

JOACHIM RINGELNATZ

Frau Werner hieß das Tier

Mein Hund, den ich einmal an Oertners gab,
Weil sie ihn überlieb gewonnen hatten,
Den mußten sie heute bestatten.
Betteten ihn in ein Hundegrab.

Eine Terrierhündin, die vierzehn Jahr
Alt wurde und Kriegskameradin mir war,
Ist sanft und rührend entschlafen.
Nun weinen die Oertners, die braven.

Mich tröstet traurig: So ging's, so geht's.
Hat Bug wie Heck seine Wellen. –
In meinem besten Erinnern wird stets
Etwas wedeln und etwas bellen.

PABLO NERUDA

Ein Hund ist gestorben

Mein Hund ist gestorben.

Ich begrub ihn im Garten
neben einer alten, verrosteten Maschine.

Dort, nicht weiter unten,
nicht weiter oben,
wird er sich einmal mit mir vereinen.
Jetzt ist er weg, mit seiner Haarfarbe,
seiner üblen Erziehung, seiner kühlen Nase.
Und ich, Materialist, der nicht daran glaubt,
daß es den verheißenen himmlischen Himmel
für irgendeinen Menschen gibt,
glaube für diesen Hund oder für jeden Hund
an den Himmel, ja, ich glaube an einen Himmel,
in den ich nicht komme, doch wo er mich erwartet,
seinen Fächerschwanz schwenkend,
damit es mir bei der Ankunft nicht an Freundschaft
        fehle.
Ach, ich will nicht von der Traurigkeit reden,
daß ich ihn hier auf der Erde nicht mehr als
        Gefährten habe,
ihn, der mir niemals ein Diener gewesen ist.
Er hegte für mich eine Igelfreundschaft,
die seine Unabhängigkeit wahrte,
die Freundschaft eines selbständigen Sterns,
ohne überflüssige Vertraulichkeit,
ohne Übertreibungen:
Er sprang nicht an meiner Kleidung empor,
bedeckte mich nicht mit Haaren und Schorf,
er rieb sich nicht an meinem Knie,
wie es andre, geschlechtsbesessene Hunde tun.
Nein, mein Hund schaute mich an,
schenkte mir die Aufmerksamkeit, die ich brauche,
soviel Aufmerksamkeit, wie nötig ist,
um einen Eitlen begreifen zu lassen,
daß er, als Hund,
mit diesen Augen, reiner als die meinen,

die Zeit verlor, doch er schaute mich an
mit dem Blick, der sein ganzes
sanftes, zottiges Leben für mich bereithielt,
sein verschwiegenes Leben,
dicht bei mir, ohne mich je zu belästigen
und ohne irgendwas von mir zu verlangen.

Ach, wie oft wünschte ich mir einen Schwanz,
wenn ich neben ihm ging über die Ufer
der See, im Winter von Isla Negra,
in der großen Einsamkeit: droben die Luft
durchschossen von eisigen Vögeln,
und hüpfend mein Hund, struppig, erfüllt
von der wellenwerfenden Kraft elektrischer
        Meeresspannung,
mein streunender, schnupperseliger Hund,
hissend den goldenen Schweif
im Anblick des Ozeans und seines Gischts.

Fröhlich, fröhlich, fröhlich,
wie die Hunde glücklich sein können,
einfach so, mit der Unumschränktheit
unverschämter Natur.
Kein Adieu für meinen Hund, der gestorben ist.
Zwischen uns gibt es und gab's keine Lüge.

Er ist weg, und ich begrub ihn, und das war alles.

Illustration von James Thurber

Verzeichnis der Autoren, Texte und Druckvorlagen

Mit einem Sternchen versehene Titel wurden von der Herausgeberin formuliert oder sind den Texten entnommen.

BARRETT-BROWNING, ELIZABETH (1806–1861)

Flush*. 122

E. B. B.: To Flush, my Dog. In: The Complete Poetical Works of Elizabeth Barrett Browning. Cambridge Edition. Boston/New York: Houghton, Mifflin and Co., 1900. Repr. St. Clair Shores (Mich.): Scholarly Press, 1972. S. 163 [Str. 7, 8]. – Übers. von Dietmar Jaegle.

BAUDELAIRE, CHARLES (1821–1867)

Die guten Hunde. 44

Ch. B.: Sämtliche Werke/Briefe. In acht Bänden. Hrsg. von Friedhelm Kemp und Claude Pichois in Zsarb. mit Wolfgang Drost. Bd. 8: Le Spleen de Paris/Gedichte in Prosa. München: Hanser, 1985. S. 300–307. – Übers. von Friedhelm Kemp. – © 1991 Carl Hanser Verlag, München/Wien.

BRECHT, BERTOLT (1898–1956)

Der Hund 19

B. B.: Werke. Große kommentierte Berliner und Frankfurter Ausgabe. Hrsg. von Werner Hecht [u. a.]. Bd. 15: Gedichte 5. Gedichte und Gedichtfragmente. 1940–1956. Bearb. von Jan Knopf [u. a.]. Berlin/Weimar: Aufbau, Frankfurt a. M.: Suhrkamp, 1993. S. 1023. – © 1991 Suhrkamp Verlag, Frankfurt am Main.

GOETHE, JOHANN WOLFGANG (1749–1832)

J. W. G.: Epigramme. Venedig 1790. In: Goethes Werke. Hrsg. im
Auftrage der Großherzogin Sophie von Sachsen. Abt. 1. Bd. 1. [Be-
arb. von Gustav von Loeper.] Weimar: Böhlau, 1887. S. 324. Nr. 73.

GOTTFRIED VON STRASSBURG (2. Hälfte 12. Jh. – Anfang 13. Jh.)

G. v. St.: Tristan. Bd. 2: Text. Mhd./Nhd. Verse 9983–19548. Nach
dem Text von Friedrich Ranke neu hrsg., ins Nhd. übers., mit einem Stellenkomm. und einem Nachw. von Rüdiger Krohn. Stuttgart: Reclam, 1980. ⁴1994. (Universal-Bibliothek. 4472.) V. 15765
bis 16351.

HARSDÖRFFER, GEORG PHILIPP (1607–1658)

G. Ph. H.: Poetischer Trichter. Nachdr. Darmstadt: Wissenschaft-
liche Buchgesellschaft, 1969. S. 274f.

HOERNLE, EDWIN (1883–1952)

E. H.: Rote Lieder. Berlin/Weimar: Aufbau-Verlag, 1968. S. 44 bis
48. – © 1968 Aufbau-Verlag, Berlin und Weimar.

HOFMANN VON HOFMANNSWALDAU, CHRISTIAN (1617–1679)

Chr. H. v. H.: Gedichte. Ausw. und Nachw. von Manfred Wind-
fuhr. Stuttgart: Reclam, 1964 [u. ö.]. (Universal-Bibliothek. 8889.)
S. 121f.

LUTHER, MARTIN (1483–1546)

M. L.: Predigten. Vermischte Schriften. Dichtungen. Hrsg. von Georg Buchwald [u. a.]. München: Verlag Georg Müller, 1925. S. 252 f.

MALERBA, LUIGI (geb. 1927)

L. M.: Taschenabenteuer. Dreiundfünfzig Geschichten. Aus dem Italienischen von Iris Schnebel-Kaschnitz. Mit Zeichnungen von Matthias Koeppel. Berlin: Wagenbach, 1985. (Quartheft. 140.) S. 54. – © für die deutsche Übersetzung 1985 Verlag Klaus Wagenbach, Berlin.

MANN, THOMAS (1875–1955)

Th. M.: Gesammelte Werke in dreizehn Bänden. Bd. 8: Erzählungen. Frankfurt a. M.: S. Fischer, 1960. S. 141–151. – © 1960, 1974 S. Fischer Verlag GmbH, Frankfurt am Main.

MARTIAL (um 40. n. Chr. – bald nach 100)

M.: Epigramme. Ausgew., übers. und erl. von Harry C. Schnur. Stuttgart: Reclam, 1966. (Universal-Bibliothek. 1611.) S. 29.

NERUDA, PABLO (1904–1973)

P. N.: Das lyrische Werk. Bd. 3. Hrsg. von Karsten Garscha. Darmstadt/Neuwied: Luchterhand, 1986. S. 604 f. (Übers. von Monika López und Fritz Vogelsang.) – © Pablo Neruda and Heirs of Pablo Neruda. Alle deutschen Rechte vorbehalten durch Luchterhand Literaturverlag, München.

PANIZZA, OSKAR (1853–1921)

Aus dem Tagebuch eines Hundes 214

O. P.: Aus dem Tagebuch eines Hundes. Leipzig: Wilhelm Friedrich [1892]. S. 22, 38.

PHAEDRUS (um 50 n. Chr.)

Der Wolf und der Hund 237

Ph.: Liber Fabularum. Fabelbuch. Lat. und dt. Übers. von Friedrich Fr. Rückert und Otto Schönberger. Hrsg. und erl. von Otto Schönberger. Stuttgart: Reclam, 1992. (Universal-Bibliothek. 1144.) S. 54–57.

RAMUZ, CHARLES FERDINAND (1878–1947)

Mousse 175

Ch. F. R.: Pastorale. Erzählungen. Zürich: Limmat Verlag. 1994. S. 106–114. – Übers. von Peter Sidler. – © 1994 Limmat Verlag, Zürich.

RINGELNATZ, JOACHIM (1883–1934)

Frau Werner hieß das Tier 255

J. R.: Das Gesamtwerk in sieben Bänden. Hrsg. von Walter Pape. Bd. 2: Gedichte 2. Zürich: Diogenes, 1994. S. 81 f. – © 1994 Diogenes Verlag AG, Zürich.

ROTH, JOSEPH (1894–1939)

Sentimentale Reportage 49

J. R.: Werke. Bd. 2: Das journalistische Werk. 1924–1928. Hrsg. und mit einem Nachw. versehen von Klaus Westermann. Köln/Amsterdam: Kiepenheuer & Witsch/Allert de Lange, 1990. S. 756 bis 761. – © 1990 Verlag Kiepenheuer & Witsch, Köln, und Verlag Allert de Lange, Amsterdam.

»The Owl in the Attic« (Harper & Row, New York 1959). Reinbek bei Hamburg: Rowohlt 1991. (rororo. 13050.) S. 168–174. – © 1972 Rowohlt Verlag GmbH, Reinbek bei Hamburg. – Das in der Übersetzung Seite 61 offensichtlich fehlende Wort wurde von der Herausgeberin in eckigen Klammern ergänzt.

TIŠMA, ALEKSANDAR (geb. 1924)

A. T.: Das Buch Blam. Aus dem Serbokroatischen von Barbara Antkowiak. München/Wien: Hanser, 1995. S. 125–127. – © 1995 Carl Hanser Verlag GmbH & Co., München/Wien.

TSCHECHOW, ANTON PAWLOWITSCH (1860–1904)

A. T.: Die Steppe. Erzählungen aus den mittleren Jahren. 1887–1892. München: Artemis & Winkler, ³1991. S. 134–154. – Übers. von Georg Schwarz – © 1968, 1996 Artemis & Winkler Verlag, Düsseldorf und Zürich.

TUCHOLSKY, KURT (1890–1935)

K. T.: Gesammelte Werke. Bd. 2: 1925–1928. Hrsg. von Mary Gerold-Tucholsky und Fritz J. Raddatz, Reinbek bei Hamburg: Rowohlt, 1961 (¹1960). S. 894–897. – © 1960 Rowohlt Verlag GmbH, Reinbek.

TWAIN, MARK (1835–1910)

M. T.: Ausgewählte Werke in zwölf Bänden. Hrsg. von Karl-Heinz Schönfelder. Bd. 1: Der berühmte Springfrosch von Calaveras. Erzählungen. Berlin/Weimar: Aufbau-Verlag, 1963. – Übers. von Günther Klotz. – © 1963 Aufbau-Verlag Berlin GmbH.

V.: Hirtengedichte. Vom Landbau. Dt. von R. A. Schröder. Leipzig: Dietrich, 1939. S. 97 f.

Althochdeutsche poetische Texte. Ahd./Nhd. Ausgew., übers. und komm. von Karl A. Wipf. Stuttgart: Reclam, 1992. S. 77. (Universal-Bibliothek. 8709.)

V. W.: Flush. Roman. Frankfurt a. M.: Fischer Taschenbuch Verlag, 1990. (Fischer Taschenbuch. 2122.) S. 24–30. – Übers. von Karin Kersten. – © 1933 Quentin Bell und Angelica Garnett. © für die deutsche Übersetzung 1993 S. Fischer Verlag GmbH, Frankfurt am Main.

Der Verlag Philipp Reclam jun. dankt für die Nachdruckgenehmigungen den Rechteinhabern, die durch den Copyrightvermerk bezeichnet sind. Für einige Autoren waren die Inhaber der Rechte nicht festzustellen. Hier ist der Verlag bereit, nach Anforderung rechtmäßige Ansprüche abzugelten.

Verzeichnis der Abbildungen